최준영의
교과서 밖
인물
연구소

최준영의
교과서 밖
인물
연구소

역사를 바꿔 나간 12명의 매혹적인 반전

최준영 지음

사람들의 마음을 움직이고
세상에 큰 변화를 가져온 이들의 이야기

어릴 때 행복했던 기억 가운데 하나는 집에 새로운 책이 들어오는 것이었습니다. 요즘에는 인터넷으로 필요한 책을 언제라도 쉽게 주문해서 읽어 볼 수 있지만, 예전에는 동네를 돌아다니면서 판촉 활동을 하는 분들의 소개로 수십 권으로 이루어진 전집을 사는 경우가 종종 있었습니다. 전집은 세계문학전집을 비롯해 다양한 종류가 있었지만 어린이들에게는 위인전이 가장 먼저 읽어야 할 책이었습니다. 아마도 '비싼 돈을 들여서 책을 사 줬으니 너도 그 책에 나오는 위인처럼 훌륭한 사람이 되거라'라는 기대와 희망 때문이었던 것 같습니다.

책장에 꽂힌 수십 권의 위인전을 통해 다양한 사람들의 여러 이야기들을 접하게 되었습니다. 나라의 운명을 건 전투에서 승리한 장군, 이전까지 없던 새로운 물건을 만들어 낸 발명가, 알려지지 않았던 사실을 관찰하여 새로운 지식을 쌓아 가던 과학자, 아름다운 작품을 남겼지만 힘들고 고통스러운 삶을 살아갔던 예술가 등의 이야기들은 흥미롭고 재미있었습니다. 나이를 더 먹고 제대로 된 역사책을 읽게 되고, 지리·사회·과학 등 각 부문의 책을 읽으면서 위인전을 통해 접하게 되었던 사실은 큰 도움이 되었습니다. 단순한 역사적 사실이 아닌 한 인물의 인생과 어우러진 이야기 속에서 알게 된 지식은 오랫동안 기억에 남았습니다.

시간이 지나면서 언제부터인가 우리는 위인이라는 단어를 들으면 '케케묵은', '답답한', '뻔한' 등의 이미지를 떠올리게 되었습니다. 역경을 이겨 내고 의지와 노력으로 무엇인가를 이루었다는 이야기는 더는 교훈이 아닌 것으로 받아들여지게 되었습니다. 개인의 노력보다는 사회의 구조와 시스템이 더 중요하다는 인식이 퍼졌습니다. 한때 모든 것을 할 수 있는 만능열쇠로 여겨지던 '노오력'은 꼰대를 상징하는 단어가 되었습니다. 다른 한편으로는 예전에는 혼자의 노력과 의지로 해결할 수 있던 일이 이제는 대규모 조직의 큰돈을 들여야만 가능한 일로 변한 경우도 많아졌습니다.

과학은 외로운 천재가 아닌 거대과학의 시대가 되었고, 발명은 자동차 차고에서의 무모한 시도가 아닌 기업의 연구소에서 이루어지게 되었습니다. 하지만 이렇게 될수록 사람들은 더욱더 '사람'의 이야기를 그리워하고 애타게 찾게 되었습니다. 합리성으로는 극복할 수 없는 장벽을 넘어서 어떤 성취를 이루는 존재는 언제나 사람들의 마음을 움직이게 하기 때문입니다.

이 책은 그렇게 사람들의 마음을 움직이고, 세상에 큰 변화를 가져온 사람들의 이야기로 이루어져 있습니다. EBS 라디오에서 〈최준영 박사의 인물 이야기〉를 시작하면서 잘 안다고 생각하지만 실제로는 별로 아는 것이 없는 인물들의 이야기를 하고 싶었습니다. 우리가 매일 사용하고 있는 기술과 관련한 사람들의 이야기를 하고 싶었고, 잊히고 감춰진 여성들의 이야기를 더 많이 하고 싶었습니다. 현재 우리가 사는 세상에서 위인은 우리의 삶을 바꿔나가기 위해 노력하는 사람들이기 때문입니다.

나름대로 노력은 했지만 여러 가지 아쉬움이 많습니다. 미국과 유럽에 편중되어 있다는 점이 마음에 걸립니다. 우리는 아시아에 살고 있지만 정작 아시아인에 대해서는 여전히 모르고 있다는 점을 새삼 느끼게 되었습니다. 아마 이 과제는 다음번 숙제로 남겨놓아야 할 것 같습니다.

어린이와 청소년 그리고 어른이 함께 읽는 책이 되면 좋겠다는 생각을 했습니다. 책 한 권으로 끝나는 것이 아니라 더 많은 호기심을 불러일으키는 책이 되었으면 합니다. 누구를 본받아 어떤 사람이 될 필요는 없지만 나도 한 번쯤 그런 사람이 되어 보고 싶다는 마음이 들었으면 좋겠습니다. 1970년대 어느 날 위인전을 읽으면서 두근거렸던 마음이 2023년 누군가에게 전해지길 바라며 펜을 내려놓습니다.

2023년 3월

최준영

차례

─────○─○─○─────

제1부
반전이 있는 특별한 사람들

제2부
열정이 있는 특별한 사람들

제1부

반전이 있는
특별한 사람들

01

백의의 천사?
유능한 행정가이자 여성 운동가!

플로렌스 나이팅게일

Florence Nightingale (1820~1910)

옛날이야기나 역사적인 인물의 이야기를 보면 그 주인공의 대부분은 남자입니다. 세상의 절반은 여자인데 말이죠. 오랫동안 여성의 사회적 역할은 제한적이었고 무시되어 왔어요. 지금 생각해 보면 여성들도 당연하게 교육받을 권리가 있고 남자들과 함께 사회생활을 하고 정치에도 참여할 수 있어야 하는데 현실은 그러지 못했습니다.

그러한 현실에 맞서서 각성하고 투쟁한 여성 위인들이 많이 있었는데 그중 한 명이 바로 간호사의 대명사인 나이팅게일입니다. 조금은 의아한 인물이지요? 나이팅게일이라고 하면 간호사로서 동정심도 많고 한없이 착하고 여린 그리고 남들을 위해 봉사하고 헌신한 인물로만 생각하겠지만, 사실 그녀는 사회의 불합리함에 대해 투쟁과 싸움을 피하지 않고 통계학을 이용해 객관적인 데이터나 자료들을 모아 강한 의지로 상대방을 설득해 내고야 마는 당찬 여성이었습니다.

나이팅게일의
어린 시절

나이팅게일은 1820년 5월 12일, 명문 귀족 가문의 둘째 딸로 태어났어요. 그녀의 풀네임은 플로렌스 나이팅게일입니다. '플로렌스 피렌체', 이탈리아의 지명인 피렌체가 왜 갑자기 이름에 들어갔는지 의아하죠? 그녀가 바로 이곳에서 태어났기 때문이에요. 태어나기는 이탈리아에서 태어났지만 영국 사람, 영국 귀족의 자식으로 태어났어요.

보통 우리가 위인이라고 하면 '어릴 때 가난하고 힘들게 살다가 의지와 노력으로 현실을 극복해 내고 큰 업적을 남겼다'는 식으로 영웅담처럼 전하는 경우가 많이 있지만 나이팅게일은 '금수저' 위인이었습니다. 아버지뿐만 아니라 어머니도 유복한 상류 계층 귀족 출신이었어요. 부유한 집안에서 태어난 그녀는 아무 문제 없이 마냥 행복한 인생을 살아갈 수 있는 환경이었죠.

당시 여성으로는 드물게 다양한 정보와 지식을 접할 수도 있었어요. 나이팅게일의 아버지는 여성도 세상이 어떻게 돌아가는지 알아야 한다며 나이팅게일에게 신문을 읽도록 독려하고 지식을 쌓도록 했기 때문이에요.

그와 더불어 아버지는 유명한 인사들을 집으로 초대해 나이팅게일에게 소개해 주기도 하죠. 신문에 나오던 유명한 사람들도 있어서 그들을 직접 만나고 이야기를 나눌 기회까지 있었어요. 그 인사 중에는 '공중 보건법 제정'을 주도한 에드윈 채드윅Edwin Chadwick이라는 사람도 있었는데, 나이팅게일은 그에게서 보건 의료 관련한 정보와 사람들이 좀 더 깨끗한 주거 환경에서 살아가기 위해 필요한 위생에 대한 여러 가지 지식을 얻을 수 있었어요.

나이팅게일은
어떻게 간호사를 하기로 했을까?

이렇게 좋은 귀족 집안의 나이팅게일은 어떻게 간호사의 길을 가게 되었을까요? 사람들을 치료해 주는 목적이라면 의사나 약사가 될 수도 있었을 텐데요. 특히 19세기에는 높은 신분이면 의사나 약사를 선택하지 간호사를 선택하지는 않았어요. 그 당시 간호사는 천한 직업으로 보는 시선이 다분했기 때문이에요.

기록에 따르면 나이팅게일이 17세가 되던 1837년 2월 7일, 그녀는 자신이 신의 계시를 받았다고 일기장에 적어 놨습니다. 갑자기 하느님의 목소리가 들렸다는 거예요. "너는 불쌍한 사람들을 위해 일할 것이다."라는 계시를 한 번도 아니고 그 이후 세 차례 정도 더 들었다고 합니다. 그러니 나이팅게일은 '이것은 신이 나에게 명령을 내린 것이니 나는 무조건 이 길을 가야 한다.'고 생각했어요. 뭔가 운명 같은 느낌처럼 말이죠.

부모님은 완강하게 반대했지만 그녀의 뜻을 굽힐 수는 없었어요. 당시에는 간호사를 체계적으로 배출하는 곳도 없었기 때문에 나이팅게일은 독학의 길을 걷게 됩니다. 아버지에게 부탁해 의학 및 병원에 관련된 책을 구해서 열심히 읽기도 하고 아버지의 주변 지인들을 통해 영국 공중 보건 보고서를 구해 읽기도 했죠.

옛날 영국의
사회적 분위기는 어땠을까?

19세기 영국은 급속도로 많은 것이 변하던 시기였습니다. 산업 혁명의 결과로 대도시가 발달하고 있었지만 그만큼 빈민층도 많았어요. 근로 조건은 열악하고 환경은 비위생적일 수밖에 없고, 그러다 보니 전염병도 많이 돌았어요. 그럼 이러한 사람들을 국가적인 차원에서 도와주면 되는데 오히려 지저분하고 문제가 있어 보인다고 강압적인 방법을 동원해 눈에 띄지 않게 하기에만 급급합니다.

이 당시 여성의 지위는 그저 남성의 사회적 지위를 부각해 주는 상징적인 존재였죠. 여성은 그저 자녀를 낳고 키우는 존재로만 치부했어요. 하지만 이 시기부터 세계 최초로 여성의 참정권 요구가 본격적으로 나타나기 시작합니다. 영국 사회가 부유해지면서 여성들의 의식이 조금씩 깨어나기 시작하고 변화의 바람이 불어요. 여성의 사회적 역할과 존재에 대한 불만이 생기기 시작합니다.

나이팅게일도 이러한 흐름에 영향을 받습니다. 부모님이 원하는 길을 가지 않고 자신의 의지대로 자신의 길을 선택해요. 하지만 나이팅게일은 현명하게 부모님이 가진 것들은 잘 활용했어요.

당시 영국 귀족들은 자식이 어느 정도 나이가 되면 바다 건너 유럽으로 여행을 보냈습니다. 견문을 넓히기 위해 이탈리아 같은 곳에 가서 그리스 로마 시대의 유적도 보고 일정이 맞으면 유명 인사를 초빙해 음악회도 가고 했지요.

나이팅게일도 1837년, 프랑스, 이탈리아 등을 돌아보게 됩니다. 이 당시 프랑스에는 살롱 모임이 많았어요. 우아한 저택 같은 곳에 많은 사람이 모여서 이야기를 나누는 사교의 장이자 지식 교류의 장이었죠.

나이팅게일은 이 모임에서 영국에서 귀족 여성으로 산다는 것은 뭔가 바람직하지 않다고 생각합니다. 그리고 결혼은 결국 무덤이라는 확신을 하게 되죠. 하지만 현실을 벗어날 탈출구는 없었어요. 그러다 보니 영국에 돌아온 후 우울증에 걸려요. 자신은 이 길은 아니라고 생각하는데 주변에서는 자꾸 그 길을 걷게 하니 마치 새장에 갇혀 있는 새가 된 것 같은 기분이었어요. 나이팅게일의 우울증이 계속되자 가족들은 혹시 그녀가 대도시에 가면 기분도 좀 좋아지고 활기를 찾지 않을까 싶어 고모가 사는 런던으로 보냈습니다. 다행히 런던에 간 나이팅게일은 조금 활기를 찾았어요. 그리고 수학과 통계학 등 공부를 본격적으로 하기 시작했어요. 그러면서 결심했죠. '나는 평생 독신으로 살 거야.' 어떻게 보면 가족과 사회에 대한 본격적인 반항이 시작된 거예요.

독일의 선진 간호 시스템을 배우는 나이팅게일

나이팅게일은 병원에서 일하면서 신의 계시를 따라야겠다고 생각해요. 그래서 20대 중반부터 병원에 관심을 가지고 여러 병원을 방문하여 병원 시스템을 관찰했어요. 그 과정을 통해 느낀 게 있었죠. '누군가를 돌봐 주고 간호한다는 것은 단순히 착한 마음이나 동정심으로 되는 것이 아니다. 의학적 지식도 필요하고 능숙한 기술이 필요하며 몸과 마음이 같이 움직여야 한다.'는 것을 깨달았습니다.

그래서 어떻게 공부를 해야 할까 고민하던 중 마침 기회가 찾아옵니다. 나이팅게일이 조금씩 활기를 되찾으니 부모님은 다시 한번 해외를 나가게 해요. 이번에는 이집트에 가서 옛날 이집트 고대 문명도 보고 다시 유럽으로 돌아와 몇 달에 걸쳐 독일 등을 여행하면서 선진적인 간호 체계를 접하게 되죠.

당시 독일도 영국과 마찬가지로 잦은 전쟁과 기근, 전염병이 심각했어요. 하지만 1822년 정도부터 이러한 문제를 해결하기 위해 체계적으로 시스템을 만들고 전문 분야 사람들을 교육해 양성해야 한다는 체계가 만들어지기 시작합니다. 그래서 1822년, 테오도어 플리드너Theodor Fliedner 목사가 병원을 설립했어요. 당시 교회나 성당에서 병원들을 만들기는 했는데 이 병원은 단순히 병원을 만드는 것에서 끝나는 게 아니라 여성들을 대상으로 본격적으로 간호학이라는 것을 훈련하기 시작했습니다. 환자들이 있는 상태에서 병원에서 직접 가르칠 수는 없으니 병원 근처에 있는 카이저스베르트Kaiserswerther라는 수도원에 이 역할을 위탁합니다. 수도원에서는 공동생활을 통해서 엄격한 교육을 적용하고 복장도 흰색 모자와 앞치마로 똑같이 통일해요. 옛날 사진에서 이러한 복장을 한 간호사 사진을 본 적이 있을 거예요. 이러한 규율 속에서 체계적으로 교육을 받습니다. 지금의 학교처럼 1교시, 2교시 이런 식으로 나누어 전문 교육을 배우고 실습도 하며 간호 훈련을 받게 됩니다.

그 당시 유럽에서는 이 소식이 조금씩 알려지기 시작하면서 독일 국내뿐만 아니라 프랑스 같은 곳에서도 견학을 오기 시작합니다. 나이팅게일도 이 소식을 접하죠. 그래서 31세의 나이에 이 수도원에 입교합니다. 이 학교를 마치면 유럽에서 유일하게 정식 '간호사'라고 부를 만한 자격을 부여해 줬던 거죠.

이곳에서의 교육은 호락호락하지 않았어요. 독일의 도제식 교육, 즉 스승이 제자를 기초부터 엄격하게 훈육하며 가르치는 일대일 교육 방식으로 스승에게 절대적으로 복종하며 지식과 기술을 배웠죠. 그러면서 이 병원에서 여러 가지를 배우고 실무 경험까지 쌓을 수 있었어요.

나이팅게일은 뭘 해도 대충 하는 법이 없었어요. 항상 최선을 다하는 자세로 임해서 이곳에서도 무조건 1등을 했죠. 당시 기록을 보면 수도원에서 이 과정이 생긴 이후 가장 훌륭한 학생이라고 공식적으로 평가했어요.

그래서 수도원은 일도 잘하고 머리도 똑똑하고 글도 잘 쓰는 나이팅게일에게 이 간호에 대한 훈련 과정과 학교 소개에 관한 것을 책자로 만들어 보라고 이야기합니다. 요즘으로 말하면 몇십 페이지 되는 팸플릿 같은 개념인 거죠.

결국 나이팅게일은 우리말로 옮기면 '여성 간호 훈련을 위한 카이저스베르트 교육원'이라는 팸플릿을 만들어요. 자신이 배운 간호 교육 체계를 안내했는데 이 책을 만들면서 자신도 깨달은 게 매우 많았다고 합니다. '사람들을 설득하려면 논리적이고 명료하게 글을 써야 한다. 프로그램을 소개할 때 그것을 체계적으로 문서로 잘 옮겨야 사람들을 이해시킬 수 있다.'는 것을 인식했어요. 그래서 이 책을 만들면서 얻게 된 깨달음은 나이팅게일이 평생 써먹는 무기가 됩니다.

나이팅게일이
병원 운영을 하니 어떤 일이 벌어질까?

나이팅게일이 귀족 가문의 딸답게 곱게 자라기를 원했던 집안의 분위기는 어땠을까요? 어쩔 수 없이 보내 주기는 했지만 당연히 가문의 위신을 떨어트리는 일을 하고 있다는 비판이 많았죠. 그래서 빨리 돌아오라는 편지를 보냈지만 나이팅게일은 전혀 개의치 않고, 독일에서 충분히 배울 것을 습득 한 후 영국으로 귀국합니다.

영국으로 돌아온 그녀는 우선 영국 내 병원의 실태를 파악하기 시작해요. 독일에서 배운 것을 무작정 적용하는 게 아니고 영국에 어떻게 적용해야 할지 체계적으로 분석을 하기 시작했던 거죠. 워낙 독일과 영국의 병원 시스템이 달라 배운 것을 어떻게 적용해야 할지 고민이 많았어요.

나이팅게일은 병원뿐만 아니라 당시 병원 역할을 하던 '구빈원', 즉 빈민을 수용하는 기관 또는 소년원, 자선 단체 등을 돌아다니며 여러 가지 설립과 운영에도 관심을 가집니다. 그녀는 단순히 아픈 사람들을 돌보는 간호의 역할뿐만 아니라 빈민들을 어떻게 구제해야 할지를 동시에 고민했던 겁니다.

귀족의 자제가 이렇게 해외까지 나가 간호를 주제로 공부하고 영국 병원을 여기저기 다니며 여러 가지 노력을 한다는 게 조금씩 사람들에게 알려지기 시작했어요. 결국 1853년, 기회가 찾아오죠. 몇몇 자선단체에서 공동으로 '여성 병원'이라는 타이틀을 단 병원을 만들었는데 이 병원을 제대로 운영할 사람이 없었던 거예요. 간호 인력도 없고 병원 체계를 어떻게 만들어야 할지도 모르겠고, 그러다 보니 병원은 건물만 만들어졌지 운영이 제대로 되지 않았어요. 이런 답답한 상황에서 나이팅게일이라는 사람의 소식을 전해 들은 거죠. 그래서 나이팅게일에게 부탁합니다. "우리 병원의 간호 체계를 전반적으로 관리를 해 주면 좋겠습니다." 간호뿐만 아니라 인사 쪽이나 회계 쪽까지 병원의 전체적인 운영을 부탁하지요.

나이팅게일로서는 무척 반가운 제안이었지만 덥석 받아들이지 않고 역으로 제안을 합니다. "내가 여기 와서 도와주면 이 병원에 간호사 양성 코스를 만들어 그것을 운영하게 해 주세요. 그러면 그곳을 가겠어요."

우리 같으면 기회가 찾아왔으니 바로 얼씨구나 하고 가서 해야지 생각할 텐데 나이팅게일은 냉철하게 상황을 판단하고 요구할 수 있는 것은 당당하게 요구했어요. 전략적으로 얻어 낼 수 있는 것은 최대한 얻어 내는 게 나이팅게일의 스타일이었던 거죠.

나이팅게일은 사람을 다뤄 보거나 회사를 경험해 본 적이 없었지만 마치 타고난 사람처럼 일사천리로 일을 진행했어요. 우선 여러 가지 문제점들을 금방 파악해 병원 전체 시스템을 개조하는 데 착수합니다. 그리고 회계 책임자에게 회계 결산 보고를 지시해 사람들이 몰래 돈을 빼돌리는 것을 방지해요. 그렇다고 무조건 돈을 아끼는 건 아니었어요. 기본적으로 절약하지만 시스템 개선에는 과감하게 투자합니다. 가령 각 층에 온수 공급 장치를 만들어요. 우리나라도 모든 화장실에 따뜻한 물이 나오기 시작한 지는 얼마 안 돼요. 그런데 19세기 당시에 층마다 온수가 나오게 한다는 건 정말 대단한 일이었죠.

그리고 환자들은 잘 먹어야 한다고 생각해서 식사의 질도 개선해요. 1층이 있는 부엌에서 조리하고 간호사들이 일일이 쟁반에 담아 나르다 보니 쏟기도 하고 부딪히기도 하고 다치기도 해 음식을 나를 수 있는 전용 엘리베이터를 만들라고 지시합니다. 오늘날의 병원에서도 유용하게 사용되고 있는 식사만 이동해 주는 식사 전용 엘리베이터가 이때 생겼어요.

그리고 병실마다 호출 벨을 설치해서 한 간호사가 많은 환자를 효과적으로 볼 수 있도록 하죠. 하지만 많은 환자의 병명이나 증상을 물어보면 그때그때 모르는 경우가 많았어요. 간호사들이 일일이 환자들의 증상을 기억하지 못했고 담당하던 의사나 간호사가 그만두거나 안 나오면 그 환자에 대해서는 아무도 알 수가 없었죠. 그래서 환자별로 체계적인 기록을 만들기 시작합니다. 오늘날의 차트예요. 요즘 병원에 가면 의사 선생님이 각 환자의 차트를 보며 진료를 하죠. 차트에는 입원 기록, 질병 종류, 치료 경과 그리고 퇴원하게 되면 퇴원, 사망했으면 사망으로 표준화된 양식을 만들어 거기에 기록하도록 지시하죠. 그래서 이것을 토대로 환자와 질병에 대해 분석할 수 있는 토대를 만듭니다.

나이팅게일은 그냥 간호사라기보다 한 병원의 경영자 같았어요. 병원 시스템은 예나 지금이나 복잡하고 어려웠는데 이것을 아무런 기초도 없는 상태에서 모든 시스템을 구축해 나갔다는 것은 정말 대단한 것이었어요.

나이팅게일은 이렇게 눈에 띄는 타고난 성과를 보여 줌으로써 인정받기 시작합니다. 그래서 1년 후인 1854년 1월에는 왕립 대학 병원 간호원장으로 초빙됩니다. 이 시점부터 부모님은 나이팅게일을 인정하고 도와주기 시작해요.

그 당시 나이팅게일은 급여를 받지 않고 일을 했어요. 그래서 아버지가 우선 금전적인 도움을 줍니다. 500파운드, 요즘 돈으로 환산해 보면 대략 7,000만 원 정도 지원을 해서 일에 전념할 수 있는 환경을 만들어 줘요.

그리고 왕립 병원이라는 곳이 영국의 왕도 여러 가지로 신경을 쓰는 곳이었기 때문에 나이팅게일은 정부의 병원 운영 방식의 문제점을 밝히고 개선안을 제시하는 등 정책과 제도 개선에도 적극적으로 나서기 시작하죠.

이 시기에 나이팅게일은 본격적으로 페미니스트의 길을 걷기도 합니다. '19세기 영국의 결혼이라는 제도는 사회가 여성을 억압하는 도구'라는 내용의 에세이를 써서 공개적으로 비판하고 나섰어요. 사회가 여성에게 요구하는 순종과 수동적인 역할을 비판하며 남성과 동등한 대우를 요구했죠. 또한 여성은 남성을 기쁘게 하기 위한 존재가 아니라며 남녀 차별을 비판했어요. "우리는 하느님의 존재 앞에서 모두가 평등한 생명체다. 그러니 하느님도 남자와 여자를 구분하여 차별할 리가 없다."라고 신을 앞세워 논리적으로 비판하고 반박하며 처음부터 반대 논리를 차단하는 용의주도함을 보여 줬어요.

크림전쟁은
왜 이렇게 참혹했을까?

나이팅게일 하면 빼놓을 수 없는 사건이 1853년에 일어난 '크림전쟁Crimean War'입니다.

이 크림전쟁은 유럽 역사에서 아주 참혹한 전쟁으로 기록되고 있습니다. 모든 전쟁이 다 그러하겠지만 유난히 이 전쟁을 그렇게 기록한 이유가 무엇일까요?

바로 산업혁명 때문입니다. 산업혁명의 결과로 철도도 깔리고 산업 생산능력도 좋아졌어요. 예전에는 한 번 싸우고 총알이나 대포, 탄알이 떨어지면 싸움이 끝났는데 이제 무기들이 끊임없이 계속 보급되니 전쟁은 몇 달씩 길어질 수밖에 없는 거예요. 그러니 사상자도 예전과 비교할 수 없을 만큼 많아질 수밖에 없었습니다.

크림전쟁을 한마디로 요약하면 지루한 소모전이었어요. 한쪽이 이겨서 밀고 나아가고 다른 한쪽은 후퇴하는 싸움이 아니라 한 장소에서 그냥 계속 싸우는 거예요. 병사가 죽으면 또다시 병사들을

최준영의 교과서 밖 인물 연구소

투입하고, 그러다 보니 인명 피해만 계속 늘어났어요. 사망자도 많았지만 부상자 수도 어마어마했어요. 그럼 이 다친 사람들은 치료를 받아야 하는데 의료 시설, 의약품들은 부족하고 위생 상태마저 열악하니 이 전쟁터는 최악의 상태가 됩니다. 참전했던 병사 중절반이 총이나 대포에 맞아 죽는 게 아니라 괴혈병, 이질, 장티푸스 등 환경으로 인한 병에 걸려 쓰러지는 일이 빈번했죠. 그래서 크림반도를 지옥 같다고 표현했어요.

세계적으로 유명한 영국의 권위 있는 신문 《타임스^{The Times}》의 러셀이라는 기자는 크림전쟁을 직접 옆에서 취재하면서 많은 기사를 써서 소식을 전하게 됩니다. 그리고 승패에 관한 소식도 전하지만 본인이 전쟁을 보며 느낀 점에 대해 자세히 전하기 시작했죠. 부상병에 대한 부실한 치료 현황, 살릴 수 있는 환자들이 이로 인해 죽어 가는 현실 등 참담한 전쟁의 모습을 고스란히 르포*식으로 써서 전합니다.

이 기사를 접한 국민의 비난 여론이 높아지고 의회 의원들을 통해 질타가 이어지죠. 그러자 군에서는 평계를 대기 시작합니다. "간호 인력이 없어서 어쩔 수 없다. 부상자가 생겨도 이 환자들을

---

* 방송 · 신문 · 잡지 등에서, 현지 보고나 보고 기사를 가리키는 용어

간호해 줄 사람이 없어서 우리도 답답하다."

그러자 사람들은 "그러면 빨리 간호단을 보내라." 하고 목소리를 높입니다.

그래서 국방부 장관이 왕립 병원의 나이팅게일에게 요청해요. "간호단을 이끌고 크림반도로 가서 병사들을 돌봐 주십시오."라고 공식적으로 제안을 하죠.

오늘날에는 이러한 제안을 대수롭지 않게 넘기겠지만 이 당시 영국 국방부로서는 정말 체면이 말이 아니게 깎이는 일이었습니다. 여성에게 전선으로 가라고 공식적으로 제안한 첫 번째 사례였어요.

나이팅게일,
본격적으로 전쟁터로 나서다

나이팅게일은 이 제안에 적극적으로 응했습니다. 드디어 여성들, 간호사들의 전문 분야가 두드러질 기회라고 생각했죠. 그래서 지원자를 모집합니다. 이곳은 힘들고, 어렵고, 잘못하면 목숨을 잃을 수도 있다는 사실도 정확하게 알려 줘요. 그럼에도 불구하고 같이 갈 수 있는 분을 찾는다고요. 그리고 서른여덟 명의 지원자를 받습니다.

드디어 나이팅게일이 서른여덟 명의 간호사들과 크림반도로 향했습니다.

하지만 전쟁터인 크림반도가 아닌 흑해를 건너 콘스탄티노플Constantinople, 지금의 이스탄불 쪽으로 이동했어요. 그곳에 부상병들을 치료하는 야전병원이 있었던 거예요.

1854년 11월 4일, 콘스탄티노플 병원에 도착합니다. 그런데 마침 그들이 도착할 때는 치열했던 발라클라바Balaclava 전투가 있었어요. 많은 영국군이 다치거나 죽는 치열한 전투였는데 이런 와중에 또 새로운 전투인 인케르만Inkerman 전투가 시작되니 부상병들의 수가 어마어마했죠. 하지만 그에 비해 병원 상황은 너무나 열악했습니다.

나이팅게일이 본국에 보냈던 보고서나 편지들을 종합해 보면 일단 병원에 하수 처리 시설이 없었어요. 그러다 보니 온갖 분비물과 배설물들이 방치되고 각종 쓰레기도 쌓이니 병원에는 해충들이 넘쳐나고 악취가 진동해 숨쉬기가 힘들 정도였다고 기록을 남겼어요. 치료에 필요한 의약품은 고사하고 침구, 의복, 세면도구 그리고 난방시설 등 기본적인 환경조차 제대로 갖춰져 있지 않았죠. 이러다 보니 부상병들이 치료를 제대로 받지 못해서 죽기보다 병원에서 오히려 후유증과 전염병으로 사망하는 경우가 더 많았던 거예요.

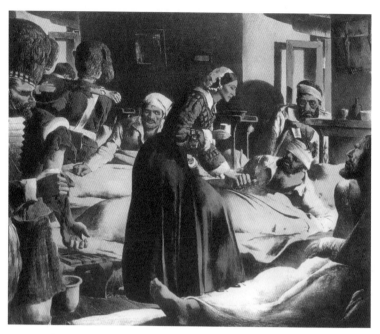

>>>> 크림전쟁 당시 이스탄불 외곽에 있는 야전 병원에서 치료받는 병사들과 플로렌스 나이팅게일

나이팅게일이 집계해 보니 전선에 투입된 50,000명의 병사 중 36,000명이 사망하거나 상처를 입었습니다. 정말 어마어마한 인명 피해를 본 거죠. 전체 병사 중 70퍼센트가 죽거나 다친 거니까요. 하지만 실제로 전투 중에 죽은 사망자는 4,700명밖에 없어요. 전체의 10퍼센트 정도인데 그럼 그 많은 사상자는 왜 나온 걸까요? 바로 감염입니다. 병원에 왔다가 오히려 죽게 되는 상황이 됐

던 거죠. 병원에 병을 고치러 왔다가 오히려 더 나쁜 환경으로 병원에서 죽어 나가는 상황이 되어 버린 거예요. 그러니 《타임스》에서 이 병원을 가리켜서 "지옥의 왕국"이라고 했을 정도예요.

어쩌다가 이 지경까지 되었을까요? 일단 영국군은 전투가 빨리 끝날 거라고 생각을 했어요. 전투가 빨리 끝나면 병사들이 죽거나 다치는 일도 없을 테니 군이 제대로 된 병원을 갖춰야 할 필요성을 못 느낀 거죠. 그리고 사실 중간중간 여러 가지 문제가 있다고 보고가 됐지만 그걸 개선할 생각도 하지 않았어요. 대표적인 예로 '마취제 사용 금지 명령'이라는 내용도 있었어요. 우리가 병원에서 작은 절개 치료를 할 때도 부분 마취든 전신 마취를 하잖아요. 하지만 "용감한 영국 군인은 그 정도 고통은 버틸 수 있어!"라며 마취를 하지 않고 술 한 잔 주고는 수술을 감행하곤 했어요. 정말 말도 안 되는 비효율적인 시스템이었죠.

나이팅게일이 이끌고 간 간호단에 대해서도 상당히 비협조적이었어요. 도착하자마자 부상병들을 치료하고 싶었지만 "저들이 도대체 여기 왜 왔지?", "대체 무슨 일을 하겠다는 거야?"라며 무시하고 관심도 주지 않았고, 일에 관해 물어봐도 도와주기는커녕 오히려 방해하기도 했어요.

나이팅게일은 도착하자마자 빨리 환자를 돌보고 싶었지만 그게 안 되자 다른 방법으로 접근을 시도해요. '우리가 직접 병사들을

간호할 수 없게 해? 그럼 우리가 병사들에게 좋은 음식을 제공하겠다. 이것도 막을 건가?'

그래서 나이팅게일은 본인이 직접 가지고 온 돈을 털어서 따로 식당을 만듭니다. 급식소를 만든 거죠. 그리고 따뜻하고 영양이 풍부한 식단을 짜서 음식을 제공해 줍니다. 이 음식들은 당연히 환자들에게 환영받았어요. 그리고 이 식단을 받지 못하는 환자들은 항의하기 시작했고 결국은 다른 환자들에게도 제공해 달라고 부탁을 받게 됩니다. 나이팅게일은 알았던 거예요. '지금 저들이 나를 밀어내려 하지만 결국은 내가 필요할 것이다. 그러므로 우리는 지금 묵묵히 우리 할 일을 하면 된다.'라는 것을요.

부탁하니 나이팅게일도 요청을 합니다. 부엌이 작아서 더 많은 음식을 할 수가 없으니 제대로 된 부엌을 쓰게 해 달라고 하죠. 그리고 점차 군 당국은 나이팅게일에게 의지하게 되며 결국 정식으로 도움을 요청하게 됩니다.

병원 환경 개선에 나선
나이팅게일

나이팅게일은 먼저 전체 상황을 파악하는 데 주력합니다. 얼마나 많은 부상자와 사망자가 발생했는지 우선 기록하기 시작해요.

최준영의 교과서 밖 인물 연구소

그전까지는 누가 사망했는지 보려고 해도 기록으로 남겨 놓은 것이 아예 없었어요. 그래서 나이팅게일은 이 문제를 먼저 해결하려고 했어요. 현재 상황을 정확하게 파악할 수 있는 기록 시스템이 필요하다고 이야기했죠. 사방에서 사람들이 죽어 나가는데 이런 기록이 뭐 중요하냐고 생각할지 모르겠지만 더 큰 희생을 막기 위해서는 시스템을 잡는 게 중요했어요. 행정적인 체계가 복잡하고 귀찮다고 생각할 수 있지만 전체적인 상황을 파악하고 주도하기 위해서는 이러한 체계가 꼭 필요한 거죠.

나이팅게일은 이러한 시스템을 도입하면서 붕대라든지 각종 물품이 얼마나 있는지, 그리고 그것들이 얼마나 소비되는지 소비량도 파악했어요. 그리고 중구난방으로 마구 흩어져 있는 약품과 물품들을 정리하기 시작하는데 '통합 물류 시스템'이라고 부를 수 있을 정도로 체계적으로 정리를 하죠. '중앙 재료실'을 만들어 그곳에 병원에서 사용하는 물품들을 모두 모아 놓습니다. 그리고 재고 파악을 해서 언제나 물품들이 모자라지 않게 유지하도록 해요. 오늘날의 물류 시스템과 비슷한 거죠. 오늘날 '풀필먼트fulfillment'라고 부르는 게 사실 이 시스템인 거예요.

물류 시스템을 정리하고 이제 청결 문제를 해결하기 위해 세탁실을 설치합니다. 청소와 위생 문제를 해결하기 시작하죠.

그리고 환자의 아픈 정도에 따라 일반 환자와 중환자를 분류해요. 오늘날 중환자실 같은 집중 치료실을 만들어서 생명이 위독할 정도로 많이 다친 환자는 따로 치료하기 시작했죠. 이렇게 해서 사망자를 많이 줄이게 됩니다.

이렇게 나이팅게일이 활발하게 활동을 해 나가는데 나라에서는 돈을 제대로 지급하지 않아요. 예나 지금이나 이런 활동을 하려면 어쨌든 자금이 필요하잖아요. 하지만 나라를 위해서 일을 하는 사람에게 당국은 제대로 돈을 주지 않죠. 그래서 나이팅게일은 급한 대로 우선 자비를 털어서 일합니다. 그리고《타임스》를 통해서 들어온 기부금들을 활용해요. 그래서 적절하게 기자들을 활용하죠. 병원에서 벌어지고 있는 참상들을 알려 주고 이를 해결하기 위해 이렇게 노력하고 있다는 것들을 전해 주면서 사람들이 돈을 보낼 수 있도록 모금 활동을 조직합니다. 물품을 구매하고 시설을 개선하고 자금을 모으는 것까지 모두 나이팅게일이 나서서 처리했죠. 그러니 간호사라기보다는 병원 운영자라고 하는 게 더 어울릴 것 같아요. 왜냐하면 이 당시 환자 수가 12,000명 정도였으니 지금과 비교해도 대형 병원에 해당하는 규모였으니까요.

나이팅게일은 병사들의 급여 문제도 해결에 나서게 됩니다.

전쟁터에서 목숨 걸고 싸워서 월급을 받지만 이 돈을 가족들에게 보낼 방법이 없었던 거예요. 장교들에게 부탁하니 장교들이 중간에서 돈을 떼어 본인들이 챙긴 후 얼마 되지 않는 돈을 가족들에게 보내 주곤 했죠. 그래서 나이팅게일은 이러한 문제를 해결해 주기 위해 급여를 맡아서 관리해 주고, 돈을 안전하게 가족에게 송금해 주는 시스템을 만들기 시작합니다. 요즘으로 말하면 은행 송금 대행업을 한 거죠. 믿고 돈을 맡길 수 있는 곳이 생기자 병사들은 좋아하는데 그동안 병사들의 돈을 떼어먹던 장교들은 나이팅게일이 못마땅합니다. 그래서 나이팅게일이 송금 시스템을 체계적으로 갖추고 개선해야 한다고 요구를 하는데 이를 묵살해 버려요.

그때 마침 빅토리아 여왕의 격려 편지가 나이팅게일에게 도착합니다. 나이팅게일은 감사 답장에 이러한 상황들을 조목조목 정리해서 보내요. "병사들에게 월급이 주어지나 이 돈을 가족들에게 보낼 방법이 없습니다. 보내려고 해도 중간에 돈이 다 없어지니 병사들이 힘들게 번 돈을 가족들에게 잘 전달될 수 있는 시스템이 필요합니다."

여왕이 이 편지를 받고 도대체 어떻게 이런 일이 일어날 수 있느냐고 책임자를 질책하죠. 그리고 병원 시스템을 개혁하라고 지시해요.

나이팅게일은 그냥 주어진 일만 열심히 하는 사람이 아니었어요. 자신에게 주어진 과제를 어떻게 하면 제일 잘할 수 있을지 고민하고, 그 일을 해결하기 위해 자신에게 도움을 줄 수 있는 위치의 사람이 누군지 파악해서 그들의 힘과 의지를 끌어낼 방법이라면 물불 안 가리고 동원했어요.

후방에 있던 왕립 대학 병원이 어느 정도 안정이 되자 나이팅게일은 이제 전방에 있는 병원을 개선해야겠다 생각합니다. 그래서 전투가 벌어지고 있는 발라클라바 지역에 있는 병원으로 가게 되는데 이 지역과 이스탄불을 계속 왔다 갔다 하며 양쪽 병원을 관리하기 시작하죠. 그러다가 당시 유행하던 '크림-콩고 출혈열'에 걸리게 됩니다. 오늘날의 브루셀라증Brucellosis으로 심한 발열, 오한, 근육통, 두통 등에 시달리는 병인데 그때는 이 병으로 많은 사람이 목숨을 잃기도 했어요. 나이팅게일도 천신만고 끝에 2주 만에 회복은 했지만 후유증이 꽤 컸어요. 겉으로는 잘 몰랐지만 이 후유증으로 평생 고생을 했다고 합니다.

나이팅게일이 혼자 힘으로 이렇게 많은 일을 하다 보니 체력도 급격히 떨어져요. 결국 탈진해서 쓰러지자 아버지가 이대로는 안 되겠다 싶어서 딸을 도와줄 사람들을 보내요. 그리고 신문사에서도 이 사실들을 열심히 홍보해 줍니다. "나이팅게일이 이렇게 여러 가지 훌륭한 일을 하고 있다. 국가가 지원을 제대로 못 하면 우리라도 기금을 만들어 나이팅게일을 도와주자."라고 하죠. 그래서 '나이팅게일 기금'이라는 민간 기금이 생깁니다. 이 민간 기금으로 45,000파운드라는 당시로서는 어마어마한 큰돈을 모으는 데 성공

>>>> 플로렌스 나이팅게일

해요. 빅토리아 여왕도 나이팅게일의 이러한 노력에 대해서 치하

하는 브로치를 보냅니다. 원래 훈장을 줘야 하는데 여성에게 줄

훈장이 이 당시에는 없었다고 해요. 그래서 여왕이 직접 문구를

새긴 브로치를 하사합니다.

이쯤 되면 군 당국에서도 나이팅게일과 힘을 합쳐 일을 진행해야 하는데 위에서는 계속 협조를 하지 않아요. 그리고 군 당국의 공식 보고와 나이팅게일의 보고가 계속 맞지 않자 감사단이 파견됩니다. 한 달 정도 감사를 해 보니 나이팅게일의 활동과 판단이 모두 맞는다는 결론이 났어요. 결국 나이팅게일이 제대로 일할 수 있도록 권한을 부여해야겠다는 결정이 나고 나이팅게일을 군 병원에 관한 총책임자로 정식 임명을 합니다. 하지만 이 총책임자로 임명되는 시점이 너무 늦었어요. 이때는 전쟁이 거의 끝나가는 시점이었거든요. 나이팅게일이 임명되고 2주 후에 전쟁은 끝이 났습니다.

전쟁 후에도 병원과 빈민을 위해 노력한 나이팅게일

1856년 7월 16일, 마지막 환자가 퇴원하고 전쟁터의 병원은 문을 닫고 귀국길에 오릅니다. 하지만 같이 갔던 서른여덟 명의 간호사들이 모두 같이 귀국하지는 못했어요. 안타깝게도 고된 일과 질병으로 사망하는 일이 벌어졌던 거죠. 그래서 열두 명의 간호사들과 함께 귀국합니다. 영국 전역에서는 대대적인 환영 준비를 해요. 하지만 나이팅게일은 영국으로 가지 않고 프랑스에서 체류하면서 시간을 보냅니다. 영국으로 돌아와서도 환영 행사에는 거의 참여하지 않고 수녀원으로 들어가 안정과 휴식을 취하면서 몸과 마음을 회복해요. 그리고 쉬는 동안 앞으로 이 전쟁의 참상을 어떻게 알릴지, 전쟁터에서 어떻게 하면 좀 더 많은 사람을 살릴 수 있을지, 군 의료 체계를 어떻게 개선해야 할지 그리고 이러한 방안들을 어떻게 사회에 잘 알릴 수 있을지를 고민했죠.

그리고 나이팅게일은 빅토리아 여왕에게 '병원 개혁안'을 작성해서 보냅니다. 이 내용이 정말 놀라워요. 병원 개혁안에는 병원뿐만 아니라 공장 노동자가 얼마나 비참한 상황에 놓여 있는지를 지적합니다. 병자뿐만 아니라 노동자, 가난한 사람들의 기본 생활권이 보장받을 수 있어야 한다는 내용을 여왕에게 직접 전달해요. 여왕은 이 개혁안을 보고 위원회를 만들어 활동하게 하죠. 그래서 1857년 5월에 군 의료 시설과 '보건의료 예산집행실태위원회'라는 위원회가 만들어집니다.

나이팅게일은 여기에 참여해 더 열심히 발 벗고 일하기 시작해요. 혼자만의 힘으로 되지 않는 것들은 다른 사람들을 이해시키고 설득해서 내 편이 되도록 만들었어요. 다른 사람들을 설득시킬 때는 상황을 정확하게 분석하고 통계를 제시해서 그들을 이해시키려고 노력했죠. 나이팅게일에게 왜 통계를 공부하느냐고 물었을 때 그녀는 "신의 생각을 이해하기 위해서는 통계학을 공부해야 합니다."라고 이야기했다고 합니다.

통계학 전문가
나이팅게일

나이팅게일은 전쟁터에서 전투 중에 죽는 사람들보다 병원에서 사망하는 사람들이 더 많다는 것을 객관적으로 증명해 낸 첫 번째 사람이에요. 그리고 질병의 원인이나 세균에 대한 존재를 모르던 시절이었지만 깨끗한 환경에서는 사망자가 급속도로 줄어들 수 있다는 것을 발견하고 그것을 통계를 내서 사람들에게 알렸어요. 하지만 이걸 숫자로만 알리니 사람들 눈에 잘 들어오지 않아 그래프를 활용하기 시작했죠. 그래서 나이팅게일이 고안해 낸 유명한 그래프가 있어요. 바로 '장미 도표rose diagram'입니다. 이 장미 도표는 우리가 방학 시작할 때 항상 만드는 동그란 생활 계획표가 있죠? 그것과 비슷합니다. 동그란 원에 열두 달을 표시해요. 1월부터 12월까지. 그리고 달별로 사망자를 표시합니다. 그리고 사망자의 수만큼 면적의 크기를 다르게 해서 한눈에 파악될 수 있게 만들어요. 그다음 부채꼴의 색깔로 원인을 분류하죠. 전염병으로 사망했는지, 전쟁터에서 사망했는지, 그리고 후유증이 있었는지 등 여러 가지 요인들을 나눠서 색깔로 구분을 해 줍니다. 이렇게 하니 여러 가지 상황을 한눈에 볼 수 있었어요. 장미 도표는 실제로 많은 도움을 주었습니다. 몇 월에 전투가 치열했고, 몇 월에 부상병이 많았고, 여름철엔 전염병이 심해서 더 많은 사람이 죽었다는 걸 바로 알 수 있었어요.

나이팅게일은 이미 국민적인 영웅으로 자리 잡고 있었어요. 그래서 언론사들, 특히 신문 등을 이용하는 여론전을 전개합니다. 결국 정부와 군을 여론으로 압박해서 나이팅게일이 권고하는 대로 군대에 있는 병원들부터 개선하기 시작하죠. 난방, 통풍, 급수, 하수처리 등 깨끗한 환경을 우선 만들어 갑니다. 그러자 군 병원에서 사망자가 절반으로 줄어드는 현상이 생겨요.

나이팅게일의 이러한 성과는 주변국에도 알려지기 시작합니다. 나이팅게일이 그린 장미 도표가 각국에 소개되는 거죠. 다른 나라의 통계학자들도 이것을 보고 깜짝 놀라요. 이렇게 효과적인 방법을 병원 시스템에 적용한 것이 놀라웠죠.

1860년, 런던에서 세계통계대회가 열립니다. 여기서 통계학자들은 이구동성으로 나이팅게일의 성과에 관해 이야기해요. 통계로 인해 사회를 얼마나 변화시킬 수 있는지를 보여 준 대표적인 업적이라고 감탄하죠. 그래서 왕립통계협회 회원으로 받아들이기로 합니다. 나이팅게일이 신청하지 않았는데도 말이죠.

정식 통계 교육을 받지 않은 사람이 신의 섭리와 인간을 이해하기 위한 어떤 방안으로 독학으로 공부했는데 그 업적을 최고 전문가들이 인정한 사례가 되었죠.

1858년, 나이팅게일은 '병원에 관한 노트'라는 보고서를 발간했습니다. 여기에서 병원이 어떠한 형태로 만들어져야 하는지를 체계적으로 제시했어요. 가장 중요한 위생 상태 개선과 병원을 지을 때 어떻게 지어야 하는지, 뭘 고려해야 하는지, 지어지고 나면 운영을 어떻게 해야 하는지, 병원에서 만들어야 할 통계가 무엇인지를 표준화된 양식으로 제시를 해 준 거죠. 이렇게 만들어진 가이드라인은 이후 병원 운영에 많은 도움을 주었습니다.

병원 발전에 기여한
나이팅게일

나이팅게일이 일구어 낸 병원의 형태는 오늘날까지 많은 영향을 끼칩니다.

오늘날 코로나19로 인해 과거 전염병이 돌던 시절의 기록을 많이 찾아보게 되는데요. 1918년에 발생한 스페인 독감 때의 사진을 보면 높은 천장의 큰 병실에 사람들이 쭉 누워 있어요. 이것이 나이팅게일이 만든 표준화된 병실이에요.

환자 간의 거리가 떨어져 있어야 하고, 통풍이 잘 되어야 하고, 햇빛이 잘 들어야 한다고 병원의 기본 형태를 만들어 놨죠. 한 간호사가 많은 환자를 돌볼 수 있도록 효율적인 동선도 강조했어요. 이러한 물리적인 형태뿐만 아니라 환자복을 주기적으로 갈아준다거나 침대 시트도 자주 바꿔 줘야 한다는 등 세세한 기준을 모두 정해 놨어요. 이러한 규정들은 서양 병원에서 표준적인 형태로 자리 잡게 되죠.

나이팅게일은 병원의 환경 개선과 전반적인 시스템의 체계를 잡은 이후 계획했던 간호사 양성 코스를 만드는 것을 추진하기 시작합니다. 1860년 7월, 성 토마스 병원에 세계 최초의 전문 간호사 양성 기관을 만들어요. 이전까지의 간호사는 전문적인 지식이 없이 마구잡이로 환자를 돌보곤 했는데 여기서는 절대 그러지 않았어요.

환자를 대하기 전에 일단 전문 지식을 쌓기 위해 학업에 전념하도록 했죠. 식사를 무료로 제공하고 체계적인 복장과 연금도 지급했어요. 그리고 능력에 따른 수당도 제공했습니다. 철저하게 훈련을 받고 능력에 따라서는 차등 대우를 했죠. 그래서 더 열심히 공부하고 능률적으로 일할 수 있는 환경과 체계를 만들었어요.

복지국가 만들기에 돌입한
나이팅게일

나이팅게일은 비참하게 사는 빈민의 상황을 개선하기 위한 노력도 많이 했어요. 그녀는 '대도시 빈민법'이라는 것을 만들어야 한다고 주장했죠.

우선 어렵고 힘든 환경에 처해 제대로 대우받지 못하는 환자, 어린이, 노인들을 분리해야 한다고 해요. 그래야 살릴 수 있는 사람들은 살릴 수 있다고 생각한 거죠. 다 같이 죽기보다는 살 수 있는 사람들은 일단 분리를 해서 목숨을 구하고자 합니다. 그리고 "이 사람들을 분리해서 교육도 하고 굶지 않게 해야 한다. 그러기 위해서는 별도의 세금을 거둬야 한다."라고 말해요. 그 세금을 일반 공무원이 다루면 분명 엉뚱한 곳에 쓰이니 별도의 기관을 만들어서 관리해야 한다고 합니다. 지금으로 보면 의료 기금, 복지 기금을 만들자는 주장을 했던 거예요.

결국 가난한 사람들이 돈이 없어 병원을 가지 못하는 것을 국가와 사회가 책임져야 한다고 주장했어요. 요즘으로 따지면 '복지국가'를 만들자는 거였어요. 오늘날 영국이 자랑스럽게 생각하는 의료보험 체계인 NHS^{National Health Service}의 바탕이 된 거죠.

영국은 나이팅게일이 활동하던 19세기부터 이러한 목소리를 꾸준히 높였어요. 제2차 세계대전이 한창이던 상황에서 영국의 유명한 경제학자 베버리지^{Beveridge}는 '요람에서 무덤까지 국민의 건강과 복지에 대해 국가가 책임을 져야 한다'는 내용의 보고서를 발간합니다. 처음부터 마지막까지 책임을 진다는 의미로 "요람에서 무덤까지"라는 말은 오늘날에도 유행처럼 많은 사람이 사용하고 있죠.

이처럼 당장 사람들이 죽고 전쟁으로 인해 나라가 망하느냐 마느냐 하는 상황에서도 영국은 제2차 세계대전이 끝나면 복지국가를 만들겠다고 국민에게 약속해요. 그리고 정말 전쟁이 끝나자마자 영국은 바로 복지국가 건설에 나섰어요. 국민이 돈 걱정하지 않고 병원에 갈 수 있고, 돈 걱정하지 않고 학교에 가서 교육을 받을 수 있는 시스템을 만들었죠. 지금 우리가 누리고 있는 복지사회가 당연한 것처럼 느껴지지만 나이팅게일이 있던 19세기부터 오늘날에 걸쳐 약 100년 동안 많은 사람의 꾸준한 노력과 희생으로 만들어진 결과를 우리가 누리고 있는 거예요. 이를 쉽게 생각할 수 있지만 사람들이 서로의 행복을 위해 서로가 조금씩 희생해야 하고 가진 사람들은 좀 더 나눠 줘야 하기에 이런 사회를 만들기는 결코 쉽지 않았어요. 영국의 이러한 노력으로 인하여 스웨덴 등 북유럽 국가들은 영국 복지 시스템의 영향을 많이 받았어요. 하지만 각 나라마다 문화와 역사, 배경의 차이가 있어 빠른 시일 내에 전파되지는 않았어요. 우리나라 역시 이러한 복지 시스템을 받아들이고 꽃 피우기가 쉽지는 않았죠.

그녀의
목소리를 남기다

나이팅게일이 70세이던 1890년, 영국의 신문 중에《세인트 제임스 가제트 St. James's Gazette》라는 신문이 있었어요. 이 신문은 현재 상황을 신속하게 보도하기보다는 뉴스가 보도된 이후에 어떻게 되었는지 추적해서 보도하는 기사를 다뤘어요.

크림전쟁에 참전해서 용감히 싸웠던 병사들이 어떻게 지내고 있는지 찾아보니 대부분이 가난한 극빈자로 너무나 비참하게 살고 있었어요. 그래서 그들을 취재해 기사를 연재합니다. 그리고 사람들은 나라를 위해 열심히 싸운 병사들을 이런 식으로 대우하는 것은 말이 안 된다고 목소리를 높여요. 나라에서 책임지고 연금을 지급해야지 뭐 하는 거냐고 분노하지만 나라에서는 돈이 없다며 단칼에 잘라버립니다.

그러자 언론기관과 몇몇 사람들이 자발적으로 기금을 모으기 시작해요. 하지만 생각만큼 모금 실적이 잘 나오지 않았어요. 어떻게 하면 많은 사람에게 알려 기금 목표를 달성할 수 있을까 고민하다가 에디슨이 만든 축음기를 이용해서 나이팅게일의 육성을 녹음하자고 하죠. 그걸 사람들에게 들려주면 사람들이 기금에 적극적으로 참여하리라 생각해요.

1890년 7월 30일, 나이팅게일은 축음기를 이용해 육성을 녹음합니다. 크림전쟁에 참여했던 옛 동지들을 하느님께서 축복하시고, 그들을 평안하게 해 달라는 4줄 정도의 내용을 녹음해요.

"내가 없어지고 기억에서 사라져서 내 이름만 남아도 내 목소리가 내 삶의 큰 업적을 계속 남겨 줄 거라고 기대합니다. 하느님께서 내 친애하는, 나와 크림전쟁에서 함께 고생했던 발라클라바의 옛 동료들을 축복하시고, 그들을 물가로 고요히 인도해 주시기를 기원합니다. 플로렌스 나이팅게일"이라고 이야기를 하죠.

나이팅게일은 이 당시 이미 전설적인 인물이었어요. 그런데 이분의 목소리를 직접 들을 수 있다는 것에 사람들은 폭발적인 관심을 가졌고 순식간에 목표 기금을 모두 채우게 됩니다.

나이팅게일의
마지막 길

이 녹음을 마지막으로 나이팅게일은 고양이와 꽃을 친구 삼아 조용히 살아갔습니다. 하지만 그녀의 삶이 마지막까지 그리 평안하지는 않았어요.

어린 시절에는 환경 오염으로 질병을 앓았고, 젊은 시절에는 전쟁터에서 크림-콩고 출혈열, 브루셀라증으로 쓰러지기도 했죠. 70세가 되었을 땐 시력이 약해져 주변이 잘 보이지 않고 결국에는 글도 못 읽게 되어 남들이 읽어 주고 자신이 이야기하는 것을 다른 사람이 대신 써 줘야 하는 상황이 되죠. 그러다 79세쯤에는 완전히 시력을 잃어요.

84세가 되니 기억력도 사라지고 사람도 구별 못 하게 되었죠. 오늘날 치매 증상이 나타났어요. 그렇게 살아온 그녀는 1910년, 90세의 나이로 파란만장했던 생을 마감하게 됩니다.

영국 정부에서는 최고의 위인들을 모시는 웨스트민스터 Westminster 사원에 안치할 수 있도록 추진을 하지만 가족들은 나이팅게일의 유언에 따라 동네에 있는 조그마한 교지*에 안치해요. 그리고 그녀의 유언에 따라 기념비도 남기지 않고 시신은 해부용으로 기부합니다. 살아 있을 때도 평생을 고군분투하면서 아프고 힘든 사람들을 위해 희생하고 봉사한 그녀는 사후에도 많은 사람을 위해 그녀의 한 몸을 희생했어요.

---

* 교회에 있는 묘지

나이팅게일은 우리에게 단순히 '간호사'라는 이미지로 크게 자리 잡고 있지만 이처럼 그녀는 시대의 편견에 맞서서 자신의 의지를 관철한 의지의 인물이면서 통계학자이기도 하고 또 뛰어난 경영 능력을 갖춘 인물이었어요.

당시에는 여성에 대한 편견도 심했는데 본인의 능력으로 이를 극복하고 사람에게 인정받아 결국 본인이 하고자 한 목표를 달성하고 모두에게 존경을 받는 인물이 되었습니다.

우리는 사람들의 겉모습만 보고 또는 그 사람의 배경 등 단편적인 모습만을 보고 미리 판단하고 무시하고 있지는 않은지 생각해봐야 해요. "인재는 언제나 있다. 단지 찾지 못할 뿐이다."라는 말이 있습니다. 우리 사회가 이런 숨어 있는 인재들을 발견하고, 또한 그런 인재들이 활발하게 활동할 수 있는 사회를 만들어야 할 것입니다.

02

장애 극복의 대명사?
사회주의자이자 대중의 요구에 맞게 만들어진 유명 인사!

헬렌 켈러

Helen Adams Keller (1880~1968)

'장애를 극복한 위인'을 꼽으라고 하면 우리는 한 치의 망설임 없이 바로 '헬렌 켈러'라는 이름을 이야기합니다. 어릴 적 읽던 위인전집에서 빠지지 않고 등장하는 인물이죠. 그래서 우리는 헬렌 켈러에 대해서 여러 가지 이야기들을 많이 접했어요. '설리번 선생님을 만나 글자를 익히게 되고, 우등생으로 대학을 졸업한 후 평생 자신과 같은 장애인을 도우며 살았다.' 이렇게 장애를 극복한 인간 승리의 모습으로 우리의 머릿속에 각인되어 있을 거예요. 그녀의 장애를 극복한 이야기는 힘들고 지친 많은 사람에게 희망과 용기를 주는 역할을 했죠. 하지만 우리가 알고 있는 헬렌 켈러의 모습은 아주 단편적인 일부의 모습일지도 모릅니다.

우리에게 알려진
헬렌 켈러의 일생

헬렌 켈러는 1880년, 미국 앨라배마주에서 태어났습니다. 헬렌 켈러가 태어날 때부터 장애를 가지고 태어난 것은 아니었어요. 19개월 때 원인을 알 수 없는 열병에 걸리고 난 후, 후유증으로 시력과 청력을 잃게 되었죠. 그리고 7세 때 설리번 선생님을 가정교사로 만나게 되고 글을 익히게 되었습니다.

처음 헬렌 켈러에게 글을 알려 주는 일은 설리번 선생님에게도 쉽지 않은 일이었어요. 예를 들어 숟가락이나 포크 등 구체적인 형태를 갖추고 있는 물체는 알려 주기가 그나마 쉬웠지만 '물'이라는 단어를 설명할 때는 무척 난감했다고 해요. 그래서 고민하다가 헬렌 켈러를 마당으로 데리고 나가 물이 나오는 펌프 아래에 직접 손을 대도록 했죠. 이 흘러나오는 게 물이라는 것을 느끼게 해 주면서 다른 한쪽 손바닥에는 손으로 'water'라고 철자를 쓰면서 알려 줬어요. 헬렌 켈러는 뭔지는 모르겠으나 '이렇게 차갑고 빠르게 흘러가는 촉촉한 느낌이 water라는 것이구나.' 깨닫게 되었죠. 그래서 이 과정을 통해서 모든 것에는 다 이름이 있다는 것을 알게 되었고 그러면서 그 수많은 것들의 이름을 알고 싶다는 학습에 대한 의욕을 갖게 되었습니다. 한 사람의 인생이 바뀔 수 있는 결정적인 순간이죠.

헬렌 켈러는 이후 설리번 선생님에게 마음을 열고 열심히 글을 배우게 됩니다. 그리고 다른 수험생들과 동등한 입장으로 시험을 치른 후 명문 래드클리프 대학$^{Radcliffe\ College}$에 입학했어요. 입학 후 그리스어, 라틴어, 프랑스어, 독일어를 익히면서 독문학과 영문학을 전공하고, 1904년에 우수한 성적으로 졸업을 합니다. 헬렌 켈러는 미국 역사상 시각, 청각 장애가 있는 사람 중 첫 번째로 대학을 졸업한 사람이 되었어요.

졸업 이후에는 글쓰기를 좋아해 작가로 여러 가지 글을 쓰는 일을 했고, 사회봉사자로도 활동하다가 1968년, 88세의 나이로 사망합니다.

사회주의자의 길로 들어선
헬렌 켈러

그렇다면 대학 졸업 이후부터 세상을 떠나기 전까지 약 60년 동안 헬렌 켈러는 무엇을 했을까요? 그동안 그녀가 무엇을 하며 지냈는지는 사람들에게 많이 알려지지 않았어요. 어쩌면 우리의 예상을 뛰어넘는 그녀의 여러 가지 모습들이 탐탁지 않았던 사람들 때문에 잘 알려지지 않았을지도 모릅니다.

사실 그녀는 급진적 사회주의자였습니다. 자신의 의지로 장애를 극복하고 명문 대학에 진학했는데 어떻게 보면 그 반대되는 혁명을 꿈꾸는 사람이 된 거죠. 장애를 극복하고 굳은 의지로 삶을 개척하고 사회가 원하는 방향으로 세상과 조화로운 삶을 사는 인물이 되기를 바랐지만, 헬렌 켈러는 오히려 반대의 길을 걸어가니 졸업 이후의 삶은 사람들에게 잘 알려지지 않은 부분이 많이 있어요.

그렇다면 보이지도 들리지도 않은 헬렌 켈러가 어떻게 사회주의자의 길로 들어설 수 있었을까요? 그 시작은 바로 세상과의 소통을 열어 준 설리번 선생님이었습니다. 그녀는 헬렌 켈러를 위해 읽을 책을 점자로 만들어 주었는데, 그중 허버트 조지 웰스Herbert George Wells의 『구세대의 신세계New Worlds For Old』라는 책을 추천하게 되고 이 책을 읽으면서 사회주의 사상에 눈을 뜨게 됐다는 이야기가 있어요. 그리고 새로운 이념과 사상에 눈을 뜬 다음에 독일어 점자로 된 마르크스Karl Heinrich Marx와 엥겔스Friedrich Engels의 책들을 읽었다고 합니다. 이때는 독일어를 워낙 잘해 원서로 그냥 읽었고 해요.

대학 졸업 이후 헬렌 켈러는 같은 장애인으로서 시각장애인들을 찾아다니면서 위로하고 힘을 북돋워 주는 일을 했어요. 하지만 많은 장애인을 만나면서 궁금증이 생겼습니다. '왜 시각장애인들

>>>> 헬렌 켈러와 앤 설리번

은 다 빈곤한 삶을 살고 있을까? 잘사는 시각장애인은 왜 별로 없지?'라는 의문을 가지게 되었고, 본격적으로 사회 현실에 관심을 두게 되었죠. 그리고 자기가 읽었던 책들과 현실을 접목하면서 그녀의 생각은 점점 바뀌어 갔어요.

장애인들을 만나면서 '과연 이게 저 사람 개인의 타고난 불운일까? 아니면 사회제도의 문제일까?' 고민하기 시작했죠. 자신은 비록 장애인이었지만 좋은 집안에서 태어나 부족함 없이 많은 것을 누리며 생활하였기에 그렇지 못한 사람들을 보자 세상이 불공평하다는 것을 깨닫기 시작했어요. 그리고 이것을 바꿔야겠다는 결심을 하게 되죠. 1909년, 헬렌 켈러는 사회당에 가입해 활동을 시작하면서 본격적인 사회주의자의 길을 걷게 됩니다.

사회주의자로서의
행로

1912년, 헬렌 켈러는 사회주의 신문인 《뉴욕 콜^{The New York Call}》에 '나는 어떻게 사회주의자가 되었는가'라는 글을 기고하면서 자신이 사회주의자임을 공개적으로 밝혔죠. 그리고 1912년, 미국 노동운동의 전설적인 파업 사태 '로렌스 섬유 파업^{Lawrence textile strike}'에 동참하게 됩니다. 이 로렌스의 섬유 공장은 상당히 위험한 작업장이었다고 합니다. 20대의 젊은이들 100명 중에 약 30명 정도가 산업재해로 죽어 나갈 정도로 근무 환경이 아주 열악했다고 해요. 게다가 장사가 잘 안된다고 임금을 깎겠다고 하니 많은 노동자들의 불만이 폭발했고, 결국 파업을 하며 저항했습니다.

헬렌 켈러는 많은 도시를 다니며 이런 섬유 노조 파업에 대해서 여러 가지 소식을 알리고, 지지하는 연설을 하며 모금 활동을 벌이면서 파업이 승리할 수 있도록 큰 힘을 실어 줍니다. 만약 헬렌 켈러 같은 유명한 사람이 도와주지 않았다면 사람들도 큰 관심을 기울이지 않았을 거예요. 나중에 헬렌 켈러는 "왜 노동자들을 이렇게 지지하고 도왔느냐?"라는 질문에 "자본가들에게 맞서 싸우는 노동자들의 투쟁이 어떻게 보면 시각 장애와 청각 장애라는 걸 이겨내려고 하던 나의 경험과 유사하다. 뭔가 맞서기 어려운 큰 장애, 넘을 수 없을 것 같은 벽에 맞서는 도전이 상당히 비슷했기 때문에 나는 그들을 도울 수밖에 없었다."라고 했습니다.

2016년에 개봉한 영화 〈서프러제트Suffragette〉도 과거 여성 참정권 운동에 관한 이야기를 다루고 있어요. 여성 투표권을 주장하며 투쟁하는 '서프러제트'의 이야기를 다루고 있는데, 실존 인물들의 이야기를 다룬 영화입니다. 헬렌 켈러가 활동하던 시기도 이때였어요. 이 영화가 1912년 정도의 시기를 다룬 영화니까요.

결국 미국도 1920년에 여성 참정권을 인정하게 되는데 헬렌 켈러도 이 여성 참정권 운동에 참여해 사람들의 이해를 높이는 데 큰 도움을 줍니다. 그녀는 여성도 참정권이 있어야만 이 사회가 빨리 사회주의로 바뀔 수 있다고 생각해서 열심히 참여했다고 했죠. 그러자 사람들은 헬렌 켈러에게 "이 사회를 바꾸는 방법이 여러 가지가 있는데 왜 하필 사회주의냐?"라고 질문을 했는데 "사회주의가 어떤 인간의 이상을 실현하는 운동이기 때문에 참여한다."라고 그녀는 답했다고 합니다.

전 세계를 누비며 활발하게 활동한
헬렌 켈러

헬렌 켈러는 이미 10세 때 전국적인 저명인사로 등극했습니다. 대통령의 초청으로 백악관을 여러 번 방문했으니까요. 헬렌 켈러를 초청한 대통령만 총 일곱 명이었습니다. 그러니까 새로 뽑힌 대통령이 장애인과 관련된 행사를 해야겠다고 하면 언제나 헬렌 켈러를 초대하고 사진을 찍곤 했죠.

미국의 유명한 소설가 마크 트웨인Mark Twain도 이런 말을 남겼어요. "19세기에 가장 유명한 두 명의 인물은 나폴레옹과 헬렌 켈러다. 나폴레옹은 무력으로 세계를 정복하려다 실패했지만, 헬렌 켈러는 마음의 힘으로 세계를 정복하는 데 성공했다."라고 이야기할 정도로 헬렌 켈러는 이미 어린 나이에 사회적인 영향력이 어마어마했습니다. 영국 총리 윈스턴 처칠Winston Churchill도 헬렌 켈러를 가리켜 "우리 시대에 가장 위대한 여성"이라고 칭송하기도 했습니다.

헬렌 켈러는 장애인들의 평등과 권리 신장을 위해 큰 노력을 했습니다. 우선 장애인들이 겪고 있는 어려움과 장애인들도 여러 가지 정상적인 활동을 할 수 있다는 내용의 책을 집필했어요. 총 14권의 책을 출간했고, 그 책들은 무려 50개 이상의 언어로 번역되었습니다. 헬렌 켈러가 전 세계적으로도 얼마나 유명했는지 가늠할 수 있는 부분이죠.

헬렌 켈러는 글 쓰는 능력이 정말 뛰어났습니다. 특히 사람의 마음을 움직이는 글을 참 잘 썼어요. 헬렌 켈러의 『자서전The Story of My Life』이라던가 『사흘만 볼 수 있다면Three Days to See』 등의 책들은 세계적인 베스트셀러가 되었어요. 하지만 『어둠 밖으로Out of the Dark』 등 헬렌 켈러의 사회주의 성향이 드러나는 책에는 그만큼 많은 관심을 보이지는 않았어요.

헬렌 켈러의 책 속의 몇 구절을 살펴보죠.

"시각장애인보다 더 비극적인 일은 볼 수 있지만, 비전이 없는
  사람입니다."

"세상에서 가장 아름다운 것은 보이거나 만져지지 않습니다.
가슴으로만 느낄 수 있습니다."

"인생은 대담한 모험이거나 아니면 아무것도 아닙니다. 도전해
보십시오."

서정적인 표현으로 사람에게 감동을 주기도 했지만, 사람들의
도전 의식을 불러일으키는 글도 잘 써 문필가로서의 재능을 유감
없이 보여 주었죠.

헬렌 켈러가 이렇게 많은 책을 출간한 것에는 여러 가지 이유
가 있지만, 그중 책 판매로 나오는 인세가 무척 중요한 부분을 차
지했어요. 그녀는 인세를 각종 장애인 활동과 사회주의 활동 등에
기부했기 때문에 책이 계속 잘 팔려야 했어요. 하지만 제1차 세계
대전 이전까지는 사람들이 책을 많이 읽고 신문도 많이 봤지만 이
후 라디오나 영화 등 다양한 매체가 나오기 시작하면서 책이 잘
팔리지 않아서 인세 수입이 줄어들기 시작했어요.

헬렌 켈러는 1920년부터 1924년까지 여기저기 다니면서 순회
공연을 하는 보드빌vaudeville* 무대에 나서기도 했습니다. 사람들을

* 춤과 노래 등을 곁들인 가볍고 풍자적인 공연물

만나 직접 자신의 이야기를 들려주었죠. 사람들에게 장애인은 아무것도 못하고 방에만 갇혀 있는 무능력한 사람이 아니라 이렇게 우리 눈앞에서 활발하게 활동할 수 있는 사람이라는 것을 보여 주면서 장애인에 대한 대중들의 인식을 바꾸려고 노력했어요.

헬렌 켈러는 미국뿐만 아니라 다른 나라에서도 유명해져서 여러 곳에서 초청을 많이 받았어요. 40여 개국 이상의 나라를 다니면서 강연도 하고 여러 가지 활동을 했는데 1937년 7월에는 일제 강점기에 있던 우리나라도 방문했습니다.

그 당시 신문이나 기록을 보면 서울, 대구, 개성 등 여기저기 도시를 다니면서 연설을 했어요. 평양으로 향하는 기차에서는 잠시 개성역에 정차하는 동안 강연을 했는데 이런 연설을 했습니다.

"행복이란 귀와 눈을 가진 데 있는 게 아니고 마음 가운데 참으로 듣는 귀, 보는 눈을 가짐에 있는 것이다. 그러니까 내 마음이 중요하다."
"이 세상을 향상하는 것은 오직 사랑뿐이다. 사랑이 없는 국가와 사회는 퇴보할 뿐이다."

그녀는 자신을 찾는 곳이면 그곳이 어디든지 달려갔습니다. 그곳이 어느 나라든, 어느 장소이든 상관하지 않고 찾아가 교육과 취업 등 사회 각 분야에서 장애인들에 대한 동등한 권리와 기회가 제공되어야 한다고 주장했어요.

1921년에는 미국 시각장애인 재단이 만들어졌는데, 헬렌 켈러는 40년간 이 재단을 위해서 모금 활동을 했습니다. 워낙 유명 인사이고 영향력이 있었기 때문에 미국의 "강철왕"이라 알려진 미국의 산업 자본가 앤드루 카네기Andrew Carnegie 같은 사람도 헬렌 켈러의 모금 활동에 큰돈을 쾌척하곤 했죠.

대중의 요구에 맞게 만들어진
헬렌 켈러

헬렌 켈러의 사진을 보다 보면 한 가지 궁금증이 들어요. 왜냐하면 어릴 적 헬렌 켈러의 사진을 보면 모두 오른쪽 얼굴만 나와 있거든요. 우리가 잘 알고 있는 설리번 선생님과 함께 찍은 흑백 사진 역시 오른쪽 얼굴만 나옵니다.

헬렌 켈러는 장애로 인하여 왼쪽 눈이 튀어나오고 얼굴이 일그러져 있었습니다. 그래서 사람들이 그러한 모습에 거부감이 들지도 모른다는 생각에 균형 잡히고 아름다운 모습만 보여 주려고 했어요. 그래서 당시 사진에는 그녀의 오른쪽 얼굴 사진만 있죠.

하지만 1911년 당시, 순회강연을 다니려고 하니 여러 사람에게 얼굴 전체를 보여 줄 수밖에 없었어요. 그래서 헬렌 켈러는 눈 성형수술을 했어요. 사람들은 드디어 사진으로만 접하던 헬렌 켈러를 실제로 보게 되었는데 시각장애인임에도 눈이 너무나 맑고 파랗다는 것에 놀랐어요. 하지만 그 파란 눈은 가짜 눈, 의안이었죠. 서양 사람들이 가장 이상적으로 생각하는 눈의 모양을 하고 있었습니다.

헬렌 켈러는 어릴 적부터 많은 후원금을 받았고, 또 그걸로 여러 가지 활동을 했는데 그 후원금은 주로 부모님이나 친척이 관리했어요. 헬렌 켈러의 모습을 최대한 사람들이 좋아하는 모습, 원하는 모습으로 관리하면서 후원금을 더 많이 받아 내기 위해 노력했던 겁니다. 결국 대중들이 원하는 모습으로 욕구를 충족시켜 주기 위해서 그 기준에 맞추고 또 대응하면서 헬렌 켈러의 모습도 변하게 되었어요.

오늘날 우리가 생각하는 헬렌 켈러는 한없이 지고지순하고 성스러운 이미지로 각인되어 있지만 사실 그녀도 평범한 사람이고, 평범한 여성이었습니다. 이러한 이미지 역시 사람들이 원하는 대로 만들어 낸 것이기도 해요. 헬렌 켈러도 평범한 여자들처럼 이성에도 관심이 많았어요.

>>>> 헬렌 켈러

헬렌 켈러는 "젊은 남자들의 냄새에는 물, 불, 폭풍, 바다와 같
이 뭔가 마음을 흔드는 본질적인 게 있다."라고 말하기도 했고,

최준영의 교과서 밖 인물 연구소

"내가 누군가를 볼 수 있다면 첫 번째, 일단 결혼부터 하고 싶다."
라고 말하기도 했습니다.

헬렌 켈러는 결혼을 꿈꿨지만, 보통 사람들의 평범한 일상인 결혼이 그녀에게는 무척 어려운 일이었어요. 그녀는 유명 인사로 후원금도 많이 들어오고 경제적인 부족함도 없으니 결혼을 할 수 있었을 거라고 생각했지만, 그녀에게 결혼은 그리 쉽지 않았습니다.

결혼이라는 제도는 그 시대 상황에 따라서 사회적 요구를 반영한 사회제도라고 할 수 있습니다. 19세기 미국의 사회 분위기는 빅토리아 여왕 시대였던 영국의 가치관이 계속 영향을 미치고 있었어요. 그 당시 영국의 가치관에 따르면 사회적으로 여성의 역할, 그리고 여성의 삶의 목표는 딱 두 가지였어요. 바로 출산과 육아였습니다.

하지만 청각, 시각장애인인 헬렌 켈러는 출산과 육아가 불가능할 거라고 판단했어요. 그래서 이 두 가지 일을 수행하지 못하는 사람은 결혼할 필요가 없다고 사회적으로 간주해 버렸던 거죠. 그래서 헬렌 켈러가 누군가를 좋아하고, 만나고 싶어 하고, 결혼하고 싶다는 말 자체가 밖으로 나가지 않도록 철저하게 주변에서 관리했어요.

헬렌 켈러도 좋아하는 사람을 만나서 결혼하고 아이를 낳아 함께 살아가는 지극히 평범한 삶을 꿈꿨지만, 주변 사람들은 성스러운 그녀의 이미지를 유지하기 위해서 노력했어요.

이러한 상황에서 헬렌 켈러는 사랑의 도피를 시도하기도 했습니다. 36세이던 1916년, 비서였던 피터 페이건$^{Peter\ Fagan}$과 야반도주할 생각을 하고 그 계획을 일기장에 적어 놨는데 어머니가 그사실을 알게 되고 페이건을 쫓아내 버렸죠.

힘들게 장애를 극복하고 열심히 인생을 살아왔지만 정작 자신만의 삶의 행복을 추구하지는 못했어요. 누군가에게 의지하지 않고 나의 행복, 나의 인생을 찾기 위해 노력했지만 사회의 통념이라는 더 큰 벽을 넘는 데는 어려움을 많이 겪었습니다.

장애인 또는 여성이라는 존재에 대해 '이건 이래야지, 저건 저래야지' 하는 보이지 않는 기준과 선입견, 편견이 팽배하게 자리잡고 있어서, 그 기준과 편견을 넘어서면 관심을 두지 않거나 오히려 박해하는 일들이 그 당시 비일비재했지만 어찌 보면 100년이 지난 지금도 이와 비슷한 경우를 우리는 자주 접할 수 있습니다. 결국 헬렌 켈러의 이미지를 자꾸 어린 소녀의 모습 또는 성스러운 여성으로만 각인시키는 것은 고정관념의 산물이라고 볼 수 있습니다.

변화가 필요한
보이지 않는 차별

헬렌 켈러가 세계적으로 많은 활동을 한 것에 비해 그녀의 기록은 의외로 많이 남아 있지 않습니다. 그녀는 1960년대까지 생존해 있었으니 영상도 많이 남길 수 있었고 녹음이나 사진을 많이 남길 수 있었는데 생각보다 자료들이 그리 많지가 않아요.

헬렌 켈러의 자료는 그녀가 후원하고 도와줬던 미국 시각장애인 재단에서 보관하고 있는데, 이 재단 이사장이 상당히 보수적이었다고 합니다. 그러다 보니 사회주의자였던 헬렌 켈러에 대해서 탐탁지 않게 여겼다고 해요. 당연히 재단에서는 헬렌 켈러의 자료들을 열심히 수집하고 보관하고 홍보해야 하는데 그러한 활동에 소홀했습니다. 그러던 와중에 맨해튼에 있던 사무실이 2001년 9.11 테러 사건* 때 세계무역센터와 함께 무너졌어요. 그래서 그나마 남아 있던 자료들이 모두 소실되어 버렸어요.

---

* 2001년 9월 11일, 이슬람 근본주의 세력인 오사마 빈라덴과 그가 이끄는 무장 조직인 알카에다가 다수의 미국 항공기 납치를 통해 일으킨 테러 사건으로 미국 뉴욕의 110층짜리 세계무역센터(WTC) 쌍둥이 빌딩이 무너지고, 워싱턴의 국방부 청사인 펜타곤이 공격을 받은 대참사

헬렌 켈러의 삶을 살펴보면 어쩌면 그녀는 남들과 같이 평범한 삶을 살았으면 훨씬 더 보람차고 재미있는 삶을 살았을 것 같아요. 하지만 그녀의 삶은 남들이 정해 놓은 틀 안에서 대중이 원하는 이미지로 만들어진 삶을 살아왔다고 볼 수 있는 거죠. 장애인이기 이전에 여성이었던 헬렌 켈러는 본인의 업적보다는 외모와 이미지로 소모되는 경향이 강했습니다.

오늘날에도 전해지는 여성 위인들의 경우를 보면 남성 중심의 사회 시스템을 위협하지 않는 범위 내에서, 그 체계에 순응하는 범위 내에서 능력을 발휘하고, 밝고 순수하고 아름다운 이미지가 있는 사람들이 보다 돋보이고 인정받는 경우가 더 크다는 걸 알 수 있어요.

100년 전과 비교해 보면 인권에 관한 개념들이나 인종차별에 관한 것들이 많이 좋아지기는 했지만 지금도 문제가 없는 건 아닙니다. 현재도 보이지 않는 수많은 차별을 바꿔 나가기 위해 큰 노력이 필요합니다.

이러한 변화의 과정에는 항상 누군가의 희생과 노력이 필요하고 또 먼저 앞서 나갔던 선구자들에 대해서는 항상 사회적 비난과 탄압이 쏟아지는 게 인류의 보편적인 모습인 것 같습니다. 이러한 것들을 어떻게 극복할 수 있을까 생각해 보면 결국 소수가 아닌 보다 많은 사람이 한꺼번에 걸음을 조금씩이라도 움직이고,

달리다 보면 조금이라도 빨리 바뀔 수 있지 않을까 싶어요.

우리 사회의 변화를 가져오는 것은 어떤 뛰어난 한두 사람일 수도 있지만 어떻게 보면 평범해 보이는 우리 이웃, 동료인 보통 사람들의 마음의 변화, 인식의 변화가 사회를 크게 바꾸는 원동력이 될 수 있습니다.

03

페니실린의 아버지가 플레밍이 아니라고?

하워드 플로리

Sir Howard Walter Florey (1898~1968)

우리가 어떤 발명품이나 발견에 대해서 '이건 누가 만든 거다' 이런 식으로 알고 있지만 사실 들여다보면 '내가 아는 거랑 다른데? 이 사람이 했던 게 아니야?' 하는 경우가 종종 있어요.

혹시 곰팡이를 이용해서 페니실린이라는 항생제를 만든 사람이 누구인지 아시나요? 아마 '플레밍Fleming'이라는 이름을 많이 들어봤을 거예요. 곰팡이에서 세균을 죽이는 물질을 분리해서 페니실린이라는 최초의 항생제를 만든 사람. '페니실린=플레밍' 이렇게 알려져 있는데 우리가 알고 있는 사실과는 조금 다른 부분이 있습니다.

실제로 우리가 아파서 병원에 갔을 때 맞는 페니실린이라는 항생제를 만드는 데 많은 역할을 했던 '하워드 플로리'라는 사람은 우리에게 그다지 알려져 있지 않아요. 플로리라는 이름은 우리에게 무척 낯설죠. 하지만 그는 호주에서는 국민적인 영웅이에요. 한때 호주 지폐에 플로리의 초상화가 실리기도 했었습니다.

옛날에는
상처 하나로 죽을 수 있었다고?

우리가 다치면 바로 처방받아 복용하는 약이 '항생제'입니다. 오늘날에는 조금 다친 것쯤이야 상처에 약을 바르거나 항생제를 먹으면 금방 나을 테니 그리 크게 걱정할 일이 아니에요.

하지만 지금으로부터 70~80년 전으로만 거슬러 올라가도 이러한 작은 상처조차도 치명적일 수 있었어요. 흔히 우리가 뛰어놀다 넘어져서 무릎이 까진다든지, 피부 일부가 벗겨진다든지 할 수 있잖아요. 그런데 이러한 조그마한 상처에 세균이 감염되면 당시에는 심하게 아프거나 사망에 이르는 경우가 많았어요.

어떻게 그럴 수 있는지 믿어지지 않겠지만 단적인 예로 1924년, 미국 대통령 캘빈 쿨리지Calvin Coolidge에게는 16세의 아들이 있었어요. 그런데 테니스를 치다가 어딘가에 물집이 생겼습니다. 우리 몸에 물집이 생기는 일은 흔한 일이잖아요. 하지만 이 물집이 번지면서 이걸 치료하지 못해서 사망하는 일이 벌어졌어요.

지금은 이해할 수 없는 일이지만 그 당시에는 이런 일들이 아무렇지 않게 일상적으로 일어났어요. 그러니까 1942년 이전까지는 이런 작은 상처로 사람이 언제 어떻게 죽을지 모르는 불안감을 안고 살았어요.

인체에는 무해하고 세균만 죽이는 놀라운 일을 했던 이 항생제, '페니실린'이라는 약이 처음으로 등장한 해가 바로 1942년입니다.

플레밍의 성과는
여기까지

영국 사람인 플레밍은 47세이던 1928년에 런던의 세인트 메리 의과대학 세균학과 교수로 부임하게 돼요. 세균학과에서는 실험에 쓰일 여러 가지 세균들을 키우고 있었죠. 그래서 같은 해 여름, 플레밍의 실험실에서 식중독을 비롯한 다양한 질병을 일으키는 세균인 황색포도상구균이라는 균을 배양하고 있었어요. 그런데 휴가 중에 급한 일이 있어서 자리를 비우고 돌아와 보니 배양접시 한곳에서 이상한 모습이 연출되고 있었어요. 우리가 집에서도 식빵을 방치해 두면 곰팡이가 생기는 걸 볼 수 있잖아요? 이 배양접

>>>> 알렉산더 플레밍

시에 원래 황록색 곰팡이가 자라고 있었는데 이 곰팡이가 자라는 곳에만 황색포도상구균이 없는 거예요. 원래는 황색포도상구균을 키워야 하는데 거기에 곰팡이가 생기면 이 실험은 실패하게 되는 거죠. 결국 버리고 실험을 다시 해야 하는데 플레밍은 뭔가 이상

최준영의 교과서 밖 인물 연구소

한 일이 벌어졌다고 생각합니다.

　그래서 휴가 이후에 이 곰팡이는 대체 무엇인지, 이것이 어디서 왔는지 연구하기 시작했어요. 플레밍이 고민을 하고 있는데 이를 지켜보던 한 직원이 "우리 아래층에서 이 연구를 하고 있어요. 이 곰팡이는 우리가 흙에서 흔히 볼 수 있는 '페니실리움'이라는 이름을 가진 곰팡이에요."라고 알려 줬어요. 그러니까 아래층에서 실험하다가 우연히 위층으로 올라왔다는 거죠. 그런데 이게 어떻게 올라왔을까요? 바람을 탔거나 사람에게 묻어서 왔거나 여러 가지 방법이 있었겠죠.

　이것을 "플레밍의 발견", "인류를 바꾼 발견" 이렇게 이야기합니다.

　플레밍은 일단 신기하니까 연구를 계속 진행합니다. '곰팡이에서 나오는 물질이 있다. 이게 뭔지는 모르겠지만 어떤 물질이 있다. 그런데 이 물질이 황색포도상구균 같은 세균을 죽이는 성질이 있다. 그리고 이 물질로 쥐를 실험을 해 보니 사람과 동물에게 독성이 없다. 맞아도 죽지는 않는다.' 이와 같은 사실들을 밝혀냈어요. 그런데 이 물질이라는 게 아주 불안정해서 뽑아내서 30분 정도 있으니까 세균을 죽이는 능력이 없어지는 것을 발견했어요. 하지만 플레밍은 '그래, 나는 원래 세균을 연구하는 사람이니까 이 정도까지 밝혔으면 됐어. 이 정도면 논문에 실을 만해.'라고 생각하고 여기서 연구를 중단합니다.

그리고 1929년, 《영국 실험병리학 저널The British Journal of Experimental Pathology》이라는 학술지에 발표하고 캐비닛에 집어넣습니다. 여기까지가 플레밍의 역할이었어요.

자연계에는 지금도 수없이 다양한 일들이 벌어지고 있죠. 우리 눈앞에서 벌어지는데 모르고 넘어가는 일들이 참 많죠. 그래서 이걸 잘 관찰해서 사람들에게 과학적인 방법으로 연구해서 소개하는 것 자체가 대단한 일이고, 과학자들에게 훌륭한 업적이에요. 세균학자였던 플레밍으로서는 자기의 역할에 충실했고 연구를 잘 마친 거죠.

연구원의 길을 선택한 플로리

이 발견을 놓치지 않고 눈여겨보고 이것을 이용해서 페니실린 이라는 항생 물질을 만든 사람이 있어요. 뭔가 세균을 죽이는 물질이 있다는 것을 알아내고 이것으로 사람들을 위해 약을 만들게 됩니다. 이것은 어떻게 보면 당연히 할 수 있는 일이라고 생각할지 모르지만 절대 쉽지 않은 일이에요. 자연 현장에서 어쩌다 한 번씩 일어나는 일을 그냥 흘려 넘기지 않고 그것을 적용해 인공적으로 만들어 사람의 병을 치료하는 데 쓰이게 한다는 것은 그렇게 간단한 문제가 아닌데 이 어려운 일을 한 사람이 바로 '하워드 플로리'입니다.

플로리는 어릴 적부터 과학을 좋아했다고 해요. 그리고 그 당시 20세기 초반에는 최첨단 학문이 화학이었어요. 그래서 화학을 전공하고 싶다고 생각했는데 교장 선생님이 의과대학을 권고해서 플로리는 의과대학에 진학해 의대생이 되었습니다. 하지만 그는 의과대학에 간 후 매우 실망했어요. 병원에서 의대 공부를 해 보니 막상 의사가 되더라도 환자에게 해 줄 수 있는 게 별로 없다는 생각이 들었죠. 상당수의 환자가 세균에 감염되어 위독한 상태로 오는데 정작 처방해 줄 약도, 치료법도 없다는 사실을 확인한 거죠. 그래서 의대에서 계속 배우는 것보다 차라리 실질적으로 이 문제를 해결하는 연구를 하는 게 나을 것 같다는 생각을 합니다.

호주에는 이러한 연구를 할 기반이 없어서 그는 영국으로 유학을 가요. 학창 시절에 성적도 우수했고, 운동도 잘했던 그는 당당히 로즈 장학금을 받고 옥스퍼드 대학에 진학하게 됩니다. 그리고 교수들에게 인정받아 찰스 셰링턴이라는 교수의 추천으로 플로리는 케임브리지 대학의 특별연구원이 될 수 있었어요. 셰링턴 교수는 뛰어난 생리학자이기도 했고 왕립학회의 회장이기도 했습니다.

탄탄대로를 걷는
플로리

플로리는 그렇게 케임브리지 대학으로 가서 록펠러 재단의 지원을 받을 기회를 얻게 되었어요. 그래서 1925년에는 미국으로 건너가서 연구할 수 있게 되었죠. 옥스퍼드 대학에서 배우고 케임브리지 대학에서 연구원 생활을 하고 또 미국으로 건너가 연구를 하는 탄탄대로를 밟게 되죠.

플로리는 미국에서 연구를 마치고 영국으로 돌아와 박사 학위를 받습니다. 그리고 1931년, 셰필드Sheffield 대학의 병리학과에 자리를 잡아요. 30대 초반의 젊은 나이에 대학교수가 된 거예요. 나이가 너무 젊은 거 아니냐는 주변의 지적도 있었어요. 실제로 미국이나 영국이 능력을 존중하지만 그래도 사람 사는 사회다 보니 경험이 너무 부족한 거 아니냐는 우려가 있었죠. 하지만 플로리는 아이디어가 뛰어났고 쉬지 않고 끊임없이 연구에 몰두하는 의지를 보이니 주변에서도 인정하게 됩니다. 그는 동시에 한두 가지가 아니라 대여섯 가지의 실험 연구를 진행하고 또 이를 통해서 많은 성과를 냈어요.

이렇게 경험과 지식을 쌓아 가던 그에게 1935년, 새로운 기회가 찾아옵니다. 바로 옥스퍼드 대학 병리학과의 교수도 아니고 학장

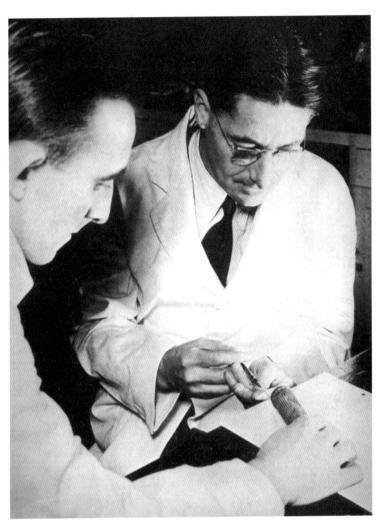

>>>> 하워드 플로리

자리가 난 거죠. 옥스퍼드 대학 같은 초일류 명문 대학의 학과장 자리는 정말 막강한 권위가 있는 영향력이 있는 자리였죠. 자신의 능력도 중요하지만 뛰어난 정치적 능력도 필요한 자리였거든요. 그런데 플로리에게는 이 정치적인 능력을 뒷받침해 줄 좋은 스승이 있었던 거예요. 바로 셰링턴 교수였죠. 이 셰링턴 교수는 당시 76세의 나이로 은퇴를 하려고 했는데 플로리를 적극적으로 지원해 주고 있었고, 그의 친구인 영국 의학연구위원회 사무국장을 지내던 에드워드 멜란비라는 사람도 플로리를 지지하는 데 합세했습니다.

우여곡절 끝에 학장이 된 플로리는 자신의 권한을 십분 발휘하여 실험 과정과 교육과정 등을 개편합니다. 그리고 병리학 쪽이 화학의 최첨단 학문을 제대로 알아야지 제대로 된 연구를 할 수 있다고 생각해서 능력이 뛰어난 화학자를 영입하려고 주변을 찾아보기 시작해요.

당시 영국에는 독일의 히틀러에게 염증을 느껴 독일에서 넘어온 언스트 보리스 체인Ernst Boris Chain이라는 학자가 있었어요. 체인의 아버지는 독일에서 원래 큰 화학 기업을 운영하고 있었어요. 체인은 화학 기업의 금수저라고 할 수 있죠. 머리도 좋고 돈도 많고 배경도 좋았어요. 하지만 성격이 급하고 화가 나면 닥치는 대로 물건을 집어던지는 안 좋은 습관이 있었어요. 그러다 보니 사람들과 잘 어울리지 못하는 성격이었는데 플로리는 일단 체인의 능력을 높이 사서 그를 영입하고 노먼 히틀리^{Norman Heatley}라는 연구자를 영입하면서 연구진 구성을 마쳤어요.

플레밍의 논문을 발견한
플로리

독일은 20세기 초반부터 화학이 가장 발달한 국가였습니다. 그 당시 화학을 가지고 다양한 색깔을 만들기 위해 염색에 사용하는 염료를 개발하는 데 열심이었어요. 그런데 가만히 생각해 보면 섬유를 염색한다는 건 섬유에 포함된 단백질의 색깔을 바꾸는 거예요. 이걸 지켜보던 과학자들은 생각했죠. 섬유 안에 있는 단백질을 염색할 수 있다면 살아 있는 세포도 단백질이니까 염색할 수 있지 않을까?

그래서 독일에서는 세균을 염색하는 어떤 화학물질에 관해서 연구하기 시작하였고, 그 결과 세균 염색으로 인하여 연구는 훨씬 편해졌습니다. 현미경으로 봤을 때 파란색으로 염색한 것들이 어디로 가는지, 얼마나 사는지 찾아보기가 쉬운 거죠.

1935년에는 이러한 과정을 통해서 염색에 관한 여러 가지 연구가 진행되었는데 그 과정에서 설파닐라마이드라는 물질로 구성된 항생제가 만들어졌어요. 세균을 염색하려고 집어넣었는데 세균이 죽어 나가니 그렇다면 이걸로 사람의 병도 치료할 수 있지 않을까 생각하게 된 거죠. 그리고 실험을 해 보니 정말 몇 가지 질병에 탁월한 효과를 보였어요. 예전 유럽에서 나온 소설을 보면 "별로 기대는 하지 않지만 그래도 이 약을 써 보겠습니다."라고 하며 처방하는 약에 '설파제'라는 약이 있었어요. 이게 원조 항생제라고 볼 수 있어요. 하지만 부작용도 컸고 특정한 몇몇 병에만 효과가 있는 한계가 있었어요.

그래서 플로리는 이 문제를 해결하려고 해요. 기존의 화학물질에 관한 연구들을 훑어보니 기존 합성 물질을 가지고는 세균을 죽이는 항생물질을 찾는 게 어려울 것 같다고 판단합니다. 그래서 새로운 곳에서부터 찾아보기로 하고 분야를 바꾸어 보기로 합니다. 플로리는 마치 탐정처럼 기존의 연구들을 꼼꼼하게 분석하고 도움이 될 만한 단서를 찾아 나가요.

그러다가 미생물과 관련된 것들을 찾아보면 도움이 될 것 같다고 판단하고 미생물학회에서 나온 미생물학회지를 검토해 보라고 체인에게 지시해요. 여기를 잘 찾아보면 어딘가에 세균 성장을 억제하는 연구를 수행한 게 있을 것 같다고 이야기하죠. 도서관에서 수백 편의 관련 논문을 찾아 읽어 나가던 체인은 1929년 플레밍이 발표했던 「B형 인플루엔자 검출에 활용하는 사례를 중심으로 한 페니실리움 배지의 항생작용에 대하여」라는 어려운 제목의 논문을 눈여겨봅니다. 플레밍이 1929년에 학술지에 이 사실을 알리고 캐비닛에 넣었잖아요. 그런데 10년 만에 다시 누군가의 눈에 들어온 거예요. 과학 학술지의 중요성을 다시 한번 깨닫게 되는 순간이죠.

플로리,
본격적으로 항생제 연구를 하다

플로리와 체인은 플레밍의 논문을 꼼꼼하게 읽었어요. 그리고 연구할 주제를 정했죠. '세균의 성장을 억제하는 물질을 찾아보자!' 그래서 본격적인 항생제 연구를 하게 된 거죠.

우리가 일할 때 방향은 제대로 잡았지만 진행 과정에서 시간이 오래 걸릴 수도 있고, 방향 자체를 잘못 잡아서 헤매다가 일을 망치는 때도 있죠. 페니실린 같은 경우는 플로리가 방향은 제대로 잡았는데 실제로 약을 만들기까지는 상상치 못한 고난과 실패를 반복해야만 했습니다.

일단 페니실린을 연구하기로 한 것까지는 쉬웠는데 페니실린이 어떻게 하면 세균을 죽이는지 처음에 가설을 세워야 합니다. 그래서 '페니실린이라는 게 효소처럼 작용해서 세균을 분해할 것이다.'

라고 가정을 했습니다. 과학에서 제일 중요한 것은 가설을 세웠으면 증명을 해야 해요. 그 가설이 맞았는지 또는 틀렸는지. 그런데 이 가설을 증명하기 위한 실험에 쓸 만큼 충분한 양의 페니실린이 필요한데 이걸 어떻게 만들어야 할지 방법을 모르는 게 첫 번째 과제였습니다.

체인은 직접 녹청색 곰팡이를 키우고 그 위에서 황금색 액체 방울이 맺히면 그것을 피펫이라는 도구로 조금씩 조금씩 모았어요. 이렇게 힘들게 모은 액체를 가지고 여러 가지 세균에 실험해서 그 세균이 죽으면 효과가 있다고 결론을 내는 실험 방법이었죠. 당연히 세균이 죽을 거라고 기대하고 실험했는데 막상 해 보니 세균이 죽지 않았어요. 효과가 별로 없었던 거죠.

그래서 다시 실험해야 하는데 한 번 모은 양이 워낙 적다 보니까 다음 실험을 할 때까지 시간이 한참 걸리는 거예요. 한 번 실험할 분량을 얻으려면 열심히 모아서 10일 정도의 기간이 필요했다고 해요. 그러면 한 달 내내 열심히 모으면 세 번의 실험, 1년 내내 해 봐야 30번 조금 넘는 정도의 실험밖에 못 하는 거죠. 이렇게 해서 운이 좋으면 결과가 나오겠지만 사실 수백 번, 수천 번을 반복해야 하는 상황에서 보면 참 답답한 일이었어요.

이 문제점을 해결할 방법이 아예 없는 건 아니었어요. 이 일을 할 사람이 많고 장비를 살 연구비가 넉넉하면 아무 문제가 없었겠지만 플로리와 체인에게는 그런 연구비가 없는 것이 첫 번째 문제였죠. 게다가 연구를 막 시작하던 1939년은 제2차 세계대전이 발발하던 시기였어요. 그러니까 전쟁통에 연구를 진행해야 하는 게 쉽지 않았죠.

전쟁이 일어나면 모두 나라를 지키기 위해 전쟁터로 나가야 하는 상황이었는데 플로리는 연구 진행을 유지하기 위해 자신의 연구팀을 지키는 데 노력을 많이 했어요. 전쟁하는 데 과학자가 꼭 필요하다는 것을 강조하죠. 그래서 전쟁을 하다 보면 부상병이 발생하고 이들에게 꼭 필요한 게 수혈이에요. 피가 없으면 다른 사람의 피를 받아야 하는데 이 당시만 해도 수혈과 관련된 절차 또는 수혈에 필요한 혈액을 어떻게 보존하는지에 대한 것들이 제대로 정립되어 있지 않았어요. 그래서 플로리는 자신의 연구팀이 이 일을 맡아서 진행하겠다고 했죠. 이러한 이유로 플로리의 연구팀은 전쟁터에 나가지 않고 실험을 계속할 수 있었어요.

록펠러의 도움으로
본격적인 연구 돌입

하지만 자금 부족으로 페니실린 연구에는 어려움이 있었죠. 그래서 미국의 록펠러 재단에 편지를 썼습니다. 물론 큰 기대를 하지는 않았어요. 록펠러처럼 돈이 많은 재단에는 엄청나게 많은 편지가 쏟아져 들어오니까요. 하지만 플로리의 옥스퍼드 대학의 학과장이라는 지위가 큰 도움이 됩니다. 옥스퍼드 대학 도장이 찍힌 편지 봉투가 있으니 우선 읽어 봐야겠다는 생각이 든 거죠. 결국 플로리가 편지를 보낸 지 3개월 만에 답장을 받았어요. 답장에는 플로리가 요청한 액수보다 더 많은 1년에 5,000달러 그리고 연구 기간도 자신이 요청한 3년이 아닌 5년 동안 지원해 주겠다는 답장을 받습니다.

플로리는 연구 비용이 생기자 바로 연구에 뛰어들지 않고 우선 연구를 왜 하는지, 그래서 연구를 통해서 꼭 해결해야 하는 질문이 무엇인지를 먼저 적어 놓습니다. 질문은 총 다섯 가지였어요. 첫 번째, 실험을 위한 곰팡이를 빨리 키울 방법은 무엇일까? 두 번째, 페니실린은 어떤 세균을 죽이는 효과가 있을까? 세 번째, 세균을 어떤 방법으로 죽이는 걸까? 네 번째, 사람에게 부작용은 없을까? 그리고 다섯 번째, 그러한 물질이 있다면 도대체 그 화학구조는 어떻게 된 것일까?

이렇게 해결해야 할 질문을 먼저 적고 계획을 세우는 게 어찌 보면 당연한 일 아닌가 생각할 수도 있지만 사실 일을 시작하면서 이렇게 정확하게 자기가 할 일을 목표로 정하는 건 쉽지 않은 일이에요. 플로리는 이렇게 계획을 세우고 어떻게 하면 사람들이 가장 효율적으로 일을 할 수 있을지 파악했습니다. 그동안 연구하던 과정을 돌이켜 보니 연구원들이 모두 모여 전체 회의를 하는 것은 비효율적이라는 생각이 들었어요. 회사에서도 회의하는 모습을 보면 도움이 되는 경우보다 시간만 버리는 경우가 많잖아요. 그래서 이걸 아예 처음부터 차단해 버리고 효율적으로 1대 1로 대화를 나누기로 했죠. 더 깊이 있게 말이죠.

곰팡이에서
페니실린을 뽑아내다

첫 번째 과제인 곰팡이를 어떻게 키울 것인지는 연구원이었던 히틀리에게 배정했습니다. 이 과정이 쉬울 것 같지만 생각처럼 쉽지 않았어요. 곰팡이는 습기도 많아야 하고 좀 지저분하면 될 것 같아서 접시, 쟁반, 변기 등 온갖 곳에 설탕, 소금, 글리세린 등을 배합해서 뿌려 놓은 다음 곰팡이를 키우려고 시도했지만 잘되지 않았어요. 아무 데서나 잘 크는 것 같은 곰팡이였지만 자라는 환경이 은근 까다로웠어요. 맡은 임무를 제대로 하지 못하고 혼자 끙끙대고 있을 때, 이 모습을 본 친구가 "맥주 만드는 양조장에 있는 효모를 넣어 봐. 어차피 다 비슷한 거 아니겠어?" 하고 이야기해 줍니다. 가만히 생각해 보니 말이 되는 것 같았어요. 그래서 양조장에 가서 효모를 얻어 와 넣어 보니 페니실린 생산이 훨씬 잘 되는 거예요. 그래서 예전 같으면 한 번 키우는 데 10일이 걸렸지만 3~4일 만에 키울 수 있게 되었죠.

그리고 여러 가지 실험을 계속하다 보니 한곳에서 계속 키우는 것보다 모내기하는 것처럼 10일 간격으로 곰팡이를 키우는 환경을 바꿔 주면 더 잘 자란다는 것을 알았어요. 자꾸 이사를 시켜 줘야 새로운 환경에 적응하기 위해 더 활발하게 활동하는 거였죠. 실험을 해 보니 한 곰팡이가 12번까지는 열심히 일한다는 것을 알았어요. 그러니까 10일 간격으로 120일 정도까지는 열심히 잘 만들더라는 것이죠. 그 이후에는 곰팡이가 더는 페니실린을 안 만들어요. 이렇게 첫 번째 단계인 페니실린 양을 늘리는 것은 해결했습니다.

두 번째, 어떻게 세균을 죽이는지는 체인이 담당했어요. 처음에 그는 세균이 효소로 작용한다고 했어요. 막상 효소라는 것들은 필터에 거르면 걸려 있어요. 하지만 어떤 필터에도 효소가 걸리지 않았어요. 그럼 우리가 알고 있던 효소라는 물질보다 훨씬 작은 물질이라는 게 드러난 거죠.

이렇게 히틀리와 체인은 여러 가지 가설을 세우고 실험을 반복하면서 이 곰팡이에서 추출한 페니실린에서 불순물을 제거하는 데 초점을 맞췄어요. 불순물이 없어야 효과도 좋고 실험도 정확해지니까요. 그래서 이 곰팡이가 생산해 내는 물질 중에서 우리가 원하는 항생제로 쓸 수 있는 물질을 만들기 위해서 여러 가지를 섞어서 페니실린만 남게 하는 실험을 끊임없이 합니다.

플로리 연구팀은 수많은 시행착오 끝에 1935년, 스웨덴에서 개발되었던 동결건조 방식을 이용해서 갈색 형태의 페니실린을 만들어 낼 수 있었어요. 동결건조 방식은 인스턴트커피를 제조하는 방식인데 이것을 식품이 아닌 의약품 제조에 응용한 거죠. 그래서 이 방식을 이용해 물속에 녹아 있는 페니실린을 쫙 뽑아낼 수 있었습니다. 이처럼 발명은 어느 한 분야에서만 쓰이는 것이 아니고 인접한 다른 분야까지 다양하게 활용되는 경우들이 많이 있습니다.

페니실린을 활용하기 위한 과정

페니실린의 양도 확보했고 보존하는 방법도 알았으니 그다음은 무엇을 해야 할까요?

이제 이걸 어떻게 잘 활용할지 알아야겠죠. 우리가 아프면 병원에 가고 약을 처방받아요. 하지만 좀 더 빠른 효과를 위해 주사를 맞을 때도 있죠. 약의 성분이 몸에서 작용하는 방법이 다 다르기 때문입니다. 플로리가 실험을 해 보니 먹는 약은 몸에서 효과를 보기 전에 소화효소가 다 분해해 버리는 것 같았어요. 그래서 이 것을 혈관에 직접 주사로 투입하는 방법을 생각해요. 하지만 이것이 사람에게 부작용은 없는지 그리고 그다음에 세균을 어떻게 죽이는지 알아내는 두 가지 과제가 남았죠.

우리 몸에 있는 혈액 속의 백혈구에 페니실린을 투여해 보니 백혈구가 별문제 없이 잘 움직입니다. 그래서 사람에게 큰 문제는 없겠다고 판단합니다. 그런데 세균에 떨궈 보니 페니실린이 닿자마자 세균이 모두 없어질 줄 알았는데 그렇지는 않았어요. 그래서 화학물질처럼 살균제는 아니고 뭔가 다른 방식으로 세균을 죽인다는 걸 알게 됐죠. 그리고 페니실린을 100만 분의 1로 희석을 해도 세균이 죽는다는 것을 알게 되었어요. 이것이 굉장히 강력한 물질이라는 걸 깨달았죠.

실험이 거의 다 된 것 같아서 일단 쥐에게 먼저 실험을 해 봤어요. 쥐에 강력한 세균을 투입한 다음 절반에는 페니실린을 투여하고 나머지는 투여를 안 한 거죠. 그랬더니 페니실린을 맞은 쥐들은 멀쩡하게 살아 있고 그렇지 않은 쥐들은 모두 죽었어요. 확실하게 약효를 보여 주는 실험이었어요.

1940년 8월 24일, 《란셋^{The Lancet}》이라는 저명한 의학 저널에 「화학요법 약재인 페니실린」이라는 제목의 논문을 발표했습니다.

>>>> 하워드 플로리

이 《란셋》은 지금도 세계 최고의 의학 저널이에요. 이제 실험과 논
문을 통해서 약효도 증명했고 부작용도 없다는 것을 알았으니 제
약사를 통해서 약을 만들면 될 것 같았는데 하필 이 시기는 전쟁

이 벌어지고 있던 시절이었죠. 제약사들은 기존에 있는 약을 만들어 내기에도 바빴던 상황이었어요. 그래서 플로리는 제약사들의 반응을 보면서 이걸 사람에게 직접 실험을 한 결과가 있다면 좀 달라지지 않을까 하고 생각하게 됩니다.

오늘날에는 신약을 만들려면 일단 동물실험을 거치고 사람들을 대상으로도 엄격하게 만들어진 절차와 규정에 따라 1상, 2상, 3상으로 이어지는 임상 시험을 해야 하지만 당시에는 이런 규정이 없었어요. 그래서 죽음을 앞둔 암 환자 가운데 동의하는 사람을 찾아 투여하기로 했습니다.

한 환자가 첫 번째 실험자로 자원을 했습니다. 사람에게 처음 바로 혈관으로 넣는 것은 너무 모험인 것 같아서 일단은 먹는 약으로 치료를 합니다. 하지만 약에서 곰팡이 맛이 난다고 해요. 그리고 약을 먹고 나니 좀 춥고 열이 나요. 순수하게 추출했는데 곰팡이 맛이 난다는 건 아직도 불순물이 많다는 것을 깨달아요. 지금 같으면 말도 안 되는 방식인데 이런 실험 과정에서 오류와 실패가 도움을 주는 경우가 많아요. 이상하다고 판단한 연구진이 다시 분석해 보니 자기들이 생각했던 것보다 순도가 너무 낮았습니다. 순도가 1퍼센트밖에 안 되는 거예요. 그래서 계산을 해 보니 실제로 사람에게 처방해서 효과를 발휘하려면 하루에 400만 단위의 엄청난 양을 만들어 내야 한다는 것을 알게 되었어요.

그래서 다시 계산을 해 보니 플로리의 실험실에서 18개월 동안 만들어야 이 약을 만들어 낼 수 있고 실험 대상을 찾아 단 한 번 실험할 수 있는 양밖에는 없었던 거죠. 그래서 원래 처음 자원했던 환자를 찾아 다시 투여하려고 했더니 이분은 이미 돌아가셨어요.

그리고 1941년 2월 12일, 앨버트 알렉산더라는 전직 경찰이 자원을 했어요. 이 환자는 세균 감염증으로 죽어 가고 있었죠. 정원에서 장미에 긁혔는데 세균이 번진 거예요. 벌써 한쪽 눈이 실명되고 세균이 폐와 어깨까지 침입해서 고름이 막 넘쳐 나던 상황이었죠. 그런데 페니실린 주사를 투여하자 종기도 거의 사라지고 식욕도 돌아오고 체온도 정상으로 돌아왔습니다. 드디어 효과를 입증한 거예요. 하지만 완치되려면 페니실린을 더 투여해야 하는데 페니실린이 떨어졌어요. 그래서 며칠 후 병세가 악화해서 결국 세상을 떠나고 말았습니다.

플로리와 연구팀들은 자신들이 생각했던 것보다 훨씬 많은 양이 필요하다는 것을 절감했습니다. 우선 양이 조금 있어도 되는 체중이 적게 나가는 어린이를 대상으로 실험을 했어요. 전신으로 세균 감염이 퍼지지 않은 일부에만 세균이 감염된 이런 환자들을 대상으로 실험을 했던 거죠. 그래서 투여한 다음에는 부족한 양을 메우기 위해서 환자들의 소변을 다시 모아 여기서 페니실린을 또다시 추출했어요. 어차피 소변으로 빠져나가는 게 있으니까요. 이렇게 힘들게 적은 양을 이용해 실험을 반복하다 보니 세균 감염에 대해서 탁월한 효과가 있다는 것을 증명할 데이터를 모을 수 있었습니다.

효능을 입증한 페니실린, 대량생산이 문제

영국 옥스퍼드 대학의 실험실 그리고 가내 수공업 수준으로 하나씩 하나씩 모아서 만든 페니실린의 약효는 분명히 기적의 약이었어요. 그런데 이를 대량으로 만드는 것은 전쟁의 한복판에서 힘겹게 싸우고 있던 영국한테는 불가능한 일이었던 거죠. 그래서 플로리는 영국 정부의 승인을 받아서 이 기술을 가지고 미국에 가서 제약 회사들과 접촉하기로 합니다. 직접 가서 보여 주고 이야기를 하겠다는 것이었어요. 그리고 영국 정부의 승인을 받았어요.

1941년 6월 27일, 플로리는 페니실린을 담은 가방을 가지고 미국으로 떠났습니다. 미국에 도착하자마자 일단 연구비를 지원해 줬던 록펠러 재단의 의료 사업 부서 책임자인 앨런 그레그^{Alan Gregg} 박사를 만났어요. 그리고 그들에게 자신이 걸어온 길과 미래의 가능성을 설명해 줍니다. 플로리의 말은 당연히 설득력이 있었어요. 그래서 그레그 박사는 대규모 연구 시설을 만들고 운영 경험이 있는 퍼시 웰스 박사를 소개해 줍니다. 그렇게 되면 페니실린을 대량으로 만들어 낼 수 있을 거라고 예상했죠. 웰스 박사는 플로리가 진행하고 있는 연구가 꼭 필요한 것으로 판단하고 전폭적인 지원을 했습니다.

플로리는 다시 영국으로 돌아와서 후속 연구를 계속해야 했기에 히틀리가 그곳에 남아 1년 동안 그들 옆에서 생산에 도움을 주었어요.

일단은 미국 정부 기관에서 어느 정도 움직임을 보이니까 제약 회사들이 조금씩 관심은 보였지만 이게 대규모 투자를 해야 하다 보니 조금은 꺼려지는 거죠. '이게 정말 효과가 있을까? 아니면 다른 회사가 먼저 이걸 연구하고 있는 건 아닐까? 괜히 큰돈을 투자했다가 다 날리는 건 아닐까?' 다들 망설이고 선뜻 투자하지 못하고 있었어요.

플로리는 제약 회사들을 여기저기 찾아다니며 설명을 했죠. "이것은 영국 정부가 자금을 지원해 줬고 록펠러 재단도 지원해 준 것이다." 이렇게 그들을 열심히 설득하고 다녔어요.

그러던 중 플로리가 미국에서 공부할 때 만났던 앨프리드 리처즈라는 친구를 만나요. 때마침 그는 미국 정부가 설립한 의학연구위원회의 위원장이었어요. 영향력이 막강한 위치에 있었죠. 리처즈는 자기 관할에 있던 회사들인 머크, 화이자 같은 제약 회사들에 우리 미국 정부가 플로리가 가지고 있는 페니실린이라는 약을 대량으로 생산하기를 원한다고 이야기합니다. 제약 회사의 입장에서 봤을 때 '이것을 만들면 결국 미국 정부에서 사 준다는 이야기니 최소한 망하지는 않겠구나. 잘하면 대박 날 수도 있겠구나.' 생각하고 대규모 투자를 준비하기 시작합니다.

제약 회사들도 자신들이 만든 물건을 사 준다는 확신이 필요했던 거예요. 결국 시장 논리가 핵심이었던 겁니다. 자신도 이익이 있어야 하고 그 이익이 객관적으로 평가받아서 서로가 이익을 볼 수 있는 시장의 존재라는 것이 매우 중요하다는 것이죠. 미국이라는 나라는 치열한 전쟁을 치르고 있었지만 전쟁 한복판에서도 이런 시장을 둘러싼 규칙과 질서가 작동하고 있었던 거죠.

페니실린의
대규모 도약

드디어 미국의 돈, 그리고 미국의 옥수수가 결합하면서 페니실린은 본격적인 생산을 눈앞에 두게 되었습니다. 그런데 갑자기 여기서 옥수수가 왜 나오는지 궁금하죠? 이 옥수수는 남미 대륙에 있던 식물이에요. 옥수수의 특징은 여러 가지가 있는데 가장 큰 장점은 같은 면적에서 재배하면 제일 많은 사람을 먹여 살릴 수 있는 작물입니다. 그래서 미국에 가 보면 넓은 대평원 지역에 옥수수가 끝도 없이 이어지는 걸 쉽게 볼 수 있어요.

　미국의 과학자들이 영국에서 처음 플로리가 했던 실험을 보니 효모가 필요했어요. 그러다 맥주 만드는 곳에서 필요로 하는 효모보다는 차라리 공급이 충분한 옥수수에서 뽑아내는 액을 사용하면 어떨까 생각합니다. 왜냐하면 옥수수에서 뽑아내는 액체에는 곰팡이가 좋아하는 질소가 훨씬 많았거든요. 그래서 대량의 곰팡이를 만들어 내는 데 옥수수가 적합하리라 판단하고 옥수수를 가지고 곰팡이를 키웠는데 역시 잘 크기 시작했어요.

　미국 과학자들은 옥수수 외에 다른 것에서 만들어지는 곰팡이를 찾기 시작해요. 그래서 시장에서 곰팡이 슨 물건들을 싹 쓸어 옵니다. 그리고 분석해 본 결과 멜론에서 발생한 곰팡이가 훨씬 강력한 페니실린을 생산할 수 있다는 것을 알게 됐어요. 그래서 똑같은 페니실린을 만드는 곰팡이가 두 종류가 된 거죠. 그래서 영국 곰팡이는 페니실린 F로 미국 곰팡이는 페니실린 G로 구분하기로 했어요. 두 개를 계속 실험을 해 보니 페니실린 G가 훨씬 더 페니실린 약효가 센 물질을 만들어 내요. 그래서 미국으로 넘어간 페니실린은 실용성과 산업 능력 그리고 새로운 과학기술이 만나서 대규모 도약을 이루어 냈습니다.

'기적의 약'으로 불린
페니실린

드디어 페니실린이 대량으로 생산되기 시작해요. 그리고 이렇게 생산된 페니실린은 우선 전쟁터로 옮겨집니다. 전쟁터에서 다친 부상병들에게 사용이 되면서 '기적의 약'이라는 명성이 자자하게 됐죠. 예전 같으면 팔과 다리를 절단해야 하거나 목숨을 잃어야 하는 환자들이 주사 몇 번 맞고 회복이 되었으니 얼마나 놀라웠겠어요.

실제로 1944년 6월, 연합국이 프랑스에 상륙한 노르망디 작전의 기록을 보면 이 당시 4만 명의 부상병이 발생했어요. 그런데 미국은 당시 엄청난 페니실린 생산력을 보유하고 있었죠. 그래서 이 부상병들에게 페니실린을 투여했고 그로 인해 세균 감염으로 사망하는 경우는 거의 없었다고 해요. 전쟁이라는 상황이 페니실린의 위력을 유감없이 보여 줬죠.

페니실린이 확실하게 효과가 있다고 생각한 정부는 모든 역량을 집중하여 10년쯤 걸릴 생산량을 6개월~1년 만에 나오게 했어요. 그래서 미국은 1년에 25만 명 이상에게 투여할 수 있는 양을 생산하는 수준에 이르렀죠. 사람들에게 페니실린은 기적의 약이라는 인식이 점점 퍼집니다.

그 당시 뚜렷한 치료법이 없어서 병에 걸리면 죽을 수밖에 없었던 폐렴, 패혈증, 류머티즘, 뇌막염, 탄저병, 파상풍, 매독, 임질 등의 병들이 페니실린 몇 방에 깔끔하게 사라졌던 거죠. 그래서 이러한 페니실린의 약효에 열광하던 사람들은 '이렇게 좋은 걸 왜 주사로만 맞아야 하지?'라고 생각하고 치약이나 마스카라 등 일상생활 용품에 섞어서 사용하면 미리 예방할 수 있지 않을까 생각해요. 하지만 페니실린은 치료약이지 예방약은 아니라는 걸 알게 되죠.

이렇게 페니실린이 보급된 후 세균성 감염으로 인해 사망하는 비율은 극적으로 낮아집니다. 이 페니실린이 도대체 얼마나 많은 사람을 살렸는지는 정확한 통계는 없어요. 하지만 수천만 명, 수억 명이라고 말할 수 있습니다. 1년에 뇌수막염이나 패혈증으로 죽어가던 수십만 명의 사람들을 살릴 수 있었으니까요. 전 세계적으로 보면 지금까지 수억, 수십억 명의 사람들이 이 페니실린을 이용한 치료로 살 수 있었던 거죠.

미국과 영국을 중심으로 한 연합국의 제2차 세계대전에서의 승리 역시 페니실린의 역할이 컸을 거로 생각해요. 왜냐하면 전쟁터에서 총이나 파편에 맞아서 죽는 사람보다 세균에 감염되어 죽는 병사들이 훨씬 많은 상황이었거든요. 결국 세균과의 전쟁에서 승리했다고 볼 수 있죠.

좀 더 많은 사람을 위해
대량생산되는 페니실린

1945년까지 과학자들은 이 기적의 약이 어떻게 이렇게 빨리 효과를 발휘하는지 잘 몰랐어요. 일단 약효가 있으니 빨리 대량으로 생산해 내는 데 신경을 썼던 거죠. 그래서 전쟁이 끝나고 과학자들은 본격적으로 연구를 재개해요. X-선을 통해서 페니실린이라는 물질의 화학구조를 알아내기 시작했습니다. 이걸 통해서 페니실린이 어떻게 세균에 작용하는지 이해할 수가 있었던 거죠.

세균도 결국 우리 몸에 있는 세포입니다. 세균은 세포막의 바깥에 세포벽이라는 두꺼운 껍질을 하나 더 가지고 있습니다. 세균들이 증식한다는 것은 세포벽을 만들어서 여러 개의 세포로 분리되는 거죠. 세균이 세포벽을 만들 때 필요한 물질 중 하나가 효소입니다. 이때 세포, 즉 세균이 번식하는 데 필요해서 만든 그 효소가 페니실린을 더 좋아합니다. 그래서 세균들은 '어? 세포벽을 만들려고 봤더니 효소가 어디 갔어?' 이렇게 되는 거죠. 그러다 보니 세포벽 없이 그냥 있는 물질들은 흩어질 수밖에 없거든요. 결국은 파괴되는 과정을 거치는 거죠. 그래서 세포가 증식할 때 필요한 물질을 페니실린이 먼저 가로챘다고 보면 됩니다.

그럼 페니실린을 지금도 곰팡이로 만드는 거로 생각할 수 있는

데 그렇지는 않아요. 자연에서 만들어지는 천연 물질은 모두 인공적으로 합성할 수 있어요. 그러므로 가능하면 인위적으로 합성하는 게 훨씬 생산적이고 효과적이겠죠. 그래서 1957년부터는 미국에서 곰팡이가 아닌 화학물질을 이용해서 페니실린을 합성하는 데 성공해요. 그때부터는 페니실린을 만들기 위해 엄청난 양의 곰팡이와 옥수수액 없이 간단하게 공장에서 대량의 페니실린을 만들어 낼 수 있게 되었습니다.

그리고 1960년대쯤 영국에서는 주사가 아닌 알약으로 먹는 형태로 효과가 유지되는 페니실린의 종류인 암피실린, 아목시실린 등이 만들어지게 돼요. 그러면서 페니실린을 더 간편하게 이용할 수 있게 되었죠. 오늘날 병원에 가서 감기약을 받아 올 때 가끔 항생제 처방을 받는 경우가 있는데 이 약 성분을 잘 보면 아목시실린이라는 이름을 종종 볼 수 있어요.

세균의 반항,
본격적인 세균과의 전쟁

1940년대부터는 페니실린의 효능이 알려지면서 과학자들은 "자연에서 세균을 죽이는 물질도 있지 않을까?" 하는 의문을 가지고 이런 항생제를 만드는 곰팡이 또는 세균을 찾기 시작했어요.

그래서 1944년에는 미국의 세균학자 셀먼 왁스먼^{Selman Waksman}이 스트렙토마이신이라는 것을 개발하는 데 성공합니다. '마이신'이라는 약 이름은 많이 들어 봤을 거예요. 항생제의 일종인 이 마이신은 흙에 사는 세균의 일종인 방선균이라는 것에서부터 만들어지는 물질인데 결핵 치료에 탁월한 효과를 보여 줍니다. 그래서 우리가 항생제를 영어로 하면 앤티바이오틱^{Antibiotic}이라고 하는데 이 명칭은 플로리가 만든 게 아니고 셀먼 왁스먼이 만든 거예요. 이렇게 항생제의 종류가 점점 늘어나면서 현재는 1만 종 이상의 물질들이 파악된 상태예요.

이렇게 많은 치료제가 만들어지면 이제 더 이상 세균으로 인한 병은 없을 것 같았는데 사실 이런 항생제가 등장하면서부터 세균과의 전쟁이 본격적으로 시작됩니다.

1943년에 페니실린이 처음 사용되었는데 4년 후인 1947년부터는 페니실린 한 방이면 없어지던 황색포도상구균이 죽지 않았어요. 바로 내성이 생긴 거죠.

지금 코로나19 바이러스를 통해서 잘 알고 있지만 세균도, 사람도 환경에 대해서 변이를 통해 맞서면서 적응하는 거죠. 그래서 항생제 같은 경우 대부분의 세균을 무력화시킵니다. 딱 떨구면 세균 대부분 99.99퍼센트가 없어지는 거예요. 그런데 아주 일부는 뭔가 어떤 이유로든 살아남아요. 일반적인 세균은 20분마다 한 번씩 분열합니다. 그래서 이를 뒤집어 보면 1년에 26,000배 이상 증식을 하는 거죠.

그런데 세균이 딱 하나만 있는 게 아니잖아요. 세상엔 엄청난 종류의 세균들이 존재하고 있고 항상 항생제를 투여한다고 해도 그 항생제에 저항할 수 있는 뭔가가 살아남게 돼요. 그러면서 또 그것이 증식하게 되는 거죠. 결국 항생제를 사용하지 않았으면 등장하지 않았을 변이입니다. 세균으로서는 항생제라는 듣도 보도 못한 것의 엄청난 등장으로 자신의 목숨이 달린 문제가 됩니다. 그러다 보니 거기에 적응하기 위해서 변이를 일으키는 건데 이 세균들은 서로 DNA를 왔다 갔다 할 수가 있어요. 이렇게 되면 분열을 하거나 번식하는 방법으로 더 빠르게 변이가 생겨납니다.

그래서 내성이 있는 황색포도상구균 같은 경우는 페니실린의 항생 작용의 핵심인 베타-락탐 고리를 끊어 내는 효소를 만들어 낸다고 알려져 있어요. 그러니까 이 페니실린이 세균들의 어떤 세포벽을 만드는 그런 효소를 먼저 싹 가져간다고 하는데 이번에는 또 반대로 세균이 페니실린을 공격하는 물질을 만들어 낸 거죠.

올바른 항생제
사용법

이렇게 되면 결국 인류는 다시 세균에게 패배하는 건 아닐까 걱정이 됩니다. 그래서 그런 일이 발생하지 않도록 지금도 과학자들은 새로운 항생제를 개발하는 노력을 계속하고 있어요.

가장 중요한 것은 항생제가 꼭 필요한 경우에 필요한 양만큼만 사용하는 거예요. 그래서 우리가 병원에서 항생제 처방을 받으면 사실 2~3일 치의 약을 받아 오고 한두 번 먹고 증상이 괜찮은 것 같다 하면 나머지는 그냥 안 먹어 버리는 경우가 많잖아요. 하지만 그러면 안 돼요. 주어진 약을 끝까지 다 먹어야 몸에 있던 항생제 세균이 싹 사라지는 거죠. 그래야 내성 있는 세균들이 남아 있지 않게 되는데 우리는 자꾸 그 약을 중간에 증상이 완화됐다고 버리는 거죠. 하지만 새로운 항생제를 만들어 내더라도 결과적으로는 남용하면 결국 내성 있는 세균은 금방 등장해요.

많은 사람의 노력의 성과,
페니실린

이처럼 페니실린의 연구와 개발, 생산 과정에서 플로리는 큰 역할을 합니다. 하지만 우리는 이 페니실린을 만든 사람이 플레밍이라고 알고 있는 경우가 많아요.

페니실린 개발 사실이 알려졌을 때 취재진은 옥스퍼드 대학으로 몰려갔어요. 하지만 플로리는 인터뷰를 거절했죠. 그 당시만 해도 사람들이 필요로 하는 만큼 충분한 양을 만들어 내지 못했기 때문에 아직 완성되지 않았다고 생각했어요. 그래서 다 끝나지도 않은 일을 가지고 내가 유명해질 필요가 없다고 생각한 플로리는 기자들에게 딱 한마디만 해요. "기적의 약이 있다는 말로 죽어 가는 사람들에게 희망을 주고 다시 그 약을 공급할 수 없다고 하면 그들이 얼마나 좌절하겠는가? 그러니 아직은 때가 아니다."

플로리가 이렇게 인터뷰를 거절하니 기자들은 다른 대상을 찾을 수밖에 없었어요. 그래서 플레밍에게 갑니다. 그런데 플레밍은 인터뷰에 흔쾌히 응해요. 그러다 보니 대중의 인식에는 플레밍이 페니실린을 발명했다고 생각이 되는 거죠.

하지만 과학자들은 이 페니실린을 발명하는 데 누구의 공이 컸는지 다 알고 있었어요. 그래서 1945년 노벨 생리의학상은 플로리, 체인, 플레밍 이렇게 세 사람에게 수여가 됩니다. 여기에 크게 이바지한 히틀리가 빠졌어요. 노벨상은 지금도 최대 3명까지만 받을 수 있어서 나이가 제일 어렸던 히틀리는 수상을 못 했죠. 영국은 이걸 잊지 않고 1990년, 옥스퍼드 대학에서 페니실린 개발 50

주년을 맞아서 당시 78세였던 히틀리에게 옥스퍼드 대학 800년 역사상 처음으로 명예 의학박사 학위를 수여하면서 그의 공을 잊지 않습니다.

1968년 2월 21일, 69세의 나이로 플로리는 세상을 뜹니다. 그때까지 옥스퍼드 대학에서 계속 연구 활동을 했어요. 그리고 플로리가 떠나왔던 고향인 호주에서는 그의 공적을 기리기 위해 호주 달러, 지폐에 한때 초상화를 그려 넣으면서 플로리가 호주 사람임을 전 세계에 자랑하기도 했죠.

우리가 보통 무언가를 발명했을 때 첫 번째로 물어보는 게 "그거 누가 만들었어?"입니다. 누가 가장 큰 공을 세웠는지가 중요한데 종종 의견이 엇갈릴 때가 있죠. 결국 플로리가 우여곡절 끝에 페니실린을 실생활에서 사용할 수 있게 했지만 만약 플레밍이 주의 깊게 곰팡이로 인한 현상을 관찰하고 논문까지 써서 이것을 발표하지 않았더라면 플로리가 과연 곰팡이를 연구했을까요?

우리가 잊지 말아야 할 것은 과학이라는 분야는 굉장히 경쟁이 치열합니다. 지금도 논문을 발표할 때 타이밍을 잘 잡으려고 노력을 해요. 그래서 자신의 정보를 상대방에게 알려 주기는 하지만 결정적인 것은 알려 주지 않으려고도 합니다. 하지만 또 그러면서도 서로 협조하고 물어보면 답을 해 줘요. 결국 경쟁과 협력이 공존하는 것이 과학이라는 것이죠.

우리가 최초, 원조를 중요하게 생각하는 경향이 있는데 플로리의 노력이나 성취에서 볼 수 있듯이 최초와 원조를 우리가 실제로 일상생활에서 활용할 수 있도록 해 주는 데는 수많은 사람의 노력이 있어요. 우리 주변에도 회사 연구소에 있는 연구자들이나 산업 현장에 있는 엔지니어분들이야말로 진정한 과학과 사회 발전을 가능하게 하는 대한민국의 플로리 같은 존재일지도 모릅니다.

04

생물학자 한 명이
러시아(구 소련)의 농업 전체를 망쳤다고?

트로핌 리센코

Trofim Denisovich Lysenko (1898~1976)

DNA. 우리가 학교 다닐 때 생물 시간에 수없이 듣던 단어입니다. 생물체의 유전물질로 세포 속에 있는 DNA라는 물질이 생명체에 정보를 전달해 준다고 배웠죠. 유전학의 기틀인 '멘델의 법칙'으로 학교에서는 완두콩 실험도 하곤 했어요.

흔히 유전자로 인하여 "부모와 자식 간에 아빠와 코가 닮았다.", "엄마의 눈을 닮았다."라고 이야기하곤 하죠. 때론 "이 아이는 엄마 아빠는 안 닮고 할머니를 닮았어."라고 이야기하는 때도 있습니다. 다양한 유전자가 결합하는 거죠.

하지만 우리가 운동을 열심히 해서 근육질의 좋은 몸매를 가지거나 날씬한 몸매를 가진다면 이러한 몸은 자식에게 물려줄 수 있을까요? 물론 아니죠. 이것 역시 우리는 생물 시간에 배웠는데 후천적으로 얻어진 것은 유전이 안 된다고 배웠습니다.

하지만 프랑스의 생물학자 장 바티스트 라마르크^{Jean Baptiste} Lamarck가 주장한 바에 따르면 기린은 높은 곳에 있는 먹이를 먹기 위해서 목을 계속 늘리다 보니 지금처럼 목이 길어졌다고 합니다. 필요에 의해서 자꾸 사용하다 보면 그 기관이 발달하게 되고 유전되기도 한다는 '용불용설^{用不用說}'을 주장했습니다.

과학적 용어로는 '획득형질^{獲得形質}이 유전된다'라고 합니다.

소개할 인물 역시 이런 이론과 관련이 깊습니다. 하지만 자신의 잘못된 믿음으로 인하여 끊임없이 거짓말을 하고 남을 모함하여 수많은 이들을 죽음에 몰고 간 사람입니다. 바로 소련의 생물학자 트로핌 리센코입니다.

역사적인 인물들을 보면 인류에 큰 공헌을 한 위인들도 있지만 반대로 개인의 이익이나 질투심 등으로 역사에 씻을 수 없는 죄악을 저지른 사람들도 있습니다.

반면교사^{反面敎師}로 삼을 수 있는 리센코에 대하여 알아보겠습니다.

리센코의
어린 시절

리센코는 1989년, 지금의 우크라이나(당시 러시아) 볼타바의 가난한 농가에서 태어났습니다. 학교에 다닐 돈도 없었고 어린 나이에도 집안 농사를 도와야 했기 때문에 13세까지 글도 익히지 못했지만 머리는 좋았다고 해요.

마침 러시아 혁명 이후 모두 학교에 갈 수 있게 되어 리센코도 키예프에 있는 농업 전문학교에 진학하게 됩니다. 어떻게 보면 러시아 혁명의 수혜자라고 할 수 있죠. 왜냐하면 그 이전에는 러시아는 신분제 국가였기 때문에 보통 사람들, 특히 농민의 자식들이 대학에 진학한다는 것은 거의 불가능한 일이었기 때문이에요. 하지만 혁명으로 인하여 여러 가지 상황이 바뀌면서 리센코는 농업에 대한 체계적인 전문 교육을 받을 수 있게 되었어요.

그리고 키예프에 있는 농업 연구소에 취직도 하게 됩니다. 그곳에서 완두콩과 관련된 일을 해요. 예나 지금이나 식량 생산은 무척 중요한 일인데 특히 20세기 초반 러시아는 혁명 이후 사회 시스템이 붕괴하고 내전도 겪었기 때문에 식량난으로 많은 사람이 어려움을 겪고 있었어요. 그래서 새로 만들어진 공산 정부는 농업 생산량을 어떻게 늘릴 것인가에 대해 고민하고 있었습니다.

신문을 이용하여 유명해진
리센코

당시 소련에는 '진실'이라는 뜻의 《프라우다^{Pravda}》라는 대표적인 신문이 있었습니다. 이 신문의 한 기자가 전국을 돌면서 농업 생산량을 늘린 훌륭한 농부와 연구자들을 찾아다니며 취재하는 일을 하고 있었어요. 그런데 그때 마침 리센코를 만나게 됩니다. 리센코는 자신이 완두콩 생산량을 대폭 늘렸다고 이야기합니다. 그리고 그뿐만 아니라 자신이 가난한 집안에서 태어나 학교에 다닐 형편도 아니었고 공부를 할 수 없었지만 혁명의 도움으로 교육을 받게 되었고 인민들을 굶길 수 없다는 일념으로 열심히 연구하여 완두콩 생산량을 대폭 늘렸다고 이야기해요.

이 이야기를 들은 기자는 리센코를 영웅으로 묘사하여 기사를 씁니다. 사실보다 좀 더 과장하며 열렬한 찬사를 담아서 기사를 써요. 리센코를 "맨발의 교수"라고 칭하며 "여러 농학 권위자들도 그를 찾아와 인사를 한다. 그에게는 많은 추종자가 있다. 젊은 사람이 참 대단하다." 이런 식으로 기사를 씁니다.

《프라우다》같은 경우는 당시 소련 국민 대부분이 구독하는 신문이었기 때문에 리센코는 순식간에 유명 인사가 되어 버려요. 이 리센코에게 주목한 사람들 가운데에는 소련의 최고 지도자인 스탈린

Joseph Stalin도 있었습니다. 그리고 소련 최고의 식물 육종* 학자였던 니콜라이 바빌로프Nikolai Ivanovich Vavilov라는 사람도 있었어요. 바빌로프는 전 세계 64개국을 돌면서 씨앗을 모은 식물 탐험 학자였습니다. 좋은 씨앗이 있는 곳이라면 어디든 찾아다녔죠. 그래서 누구보다 많은 식물 표본을 수집하고 현장에 연구소를 세워서 연구하는 소련 최고의 슈퍼스타 학자였습니다.

바빌로프는 리센코를 좋게 보고 과학 아카데미라는 연구 성과가 출중한 사람들의 모임에 들어오게 합니다. 그리고 그와 이야기를 나눠 보고 식물 육종을 연구해서 곡물 수확량을 증가시켜야 한다는 투철한 의지에 감탄하게 되죠. 바빌로프는 젊은 청년 리센코가 연구할 수 있도록 기회를 열어 줍니다.

정부에서 인정받은
리센코의 '춘화 처리'

그 당시 리센코는 '춘화 처리'라는 육종 기법에 몰두하고 있었어요.

---

* 농작물이나 가축이 가진 유전적 성질을 이용하여 이용 가치가 높은 작물이나 가축의 새로운 품종을 만들어 내거나 기존의 것을 개량하는 것.

>>>> 트로핌 리센코

식물 내부를 보면 모두 생체 시계가 있어요. 이 생체 시계가
멈췄다가 다시 움직이려면 한 번 추위를 겪어야 합니다. 그리고
온도가 올라가면 꽃을 피울 준비를 하게 되는 것이죠.

소련은 추운 지역이 많으니 이걸 이용해 추운 지역에서 잘 자라는 작물이 있으면 사람들이 굶주리지 않고 잘 먹고 잘살 수 있을 거라고 생각을 해요.

그래서 리센코는 곡물의 씨앗을 물속에 넣어서 한 번 얼려 봅니다. 그리고 다시 심으면 추운 날씨가 지속하여도 식물이 잘 자란다고 주장을 합니다. 그런데 사실 이 방법은 리센코가 처음 발명한 건 아니고 우크라이나 농민들이 경험적으로 알고 있었던 거예요.

밀에는 겨울밀과 봄밀, 이렇게 두 가지가 있는데 겨울밀 같은 경우는 가을에 심어 놓으면 겨울에 자랐다가 봄을 지나 여름에 거두는 밀인데 이것을 깜박 잊고 봄밀인 줄 알고 봄에 심어 버리면 이삭이 안 피고 잎만 무성해져요. 이것을 춘화 처리, 즉 한 번 얼렸다가 봄에 심으면 봄밀처럼 가을에 수확할 수가 있다는 주장이죠.

즉 리센코가 주장했던 것은 일단 한번 이런 처리를 하고 나면 그다음부터는 처리하지 않아도 계속 봄밀이 된다는 것이죠. 그러니까 어떠한 환경에 한번 적응하게 되면 그 생명체는 변화된 특성을 다음 세대에도 계속 전달할 수 있다. 즉 겨울밀인데 한 번 얼렸다가 녹여서 다시 심으면 봄밀로 바뀐다는 거였어요.

리센코의 이러한 주장은 스탈린을 비롯한 소련의 지도부에게 매우 매력적으로 다가갑니다. 그 당시 소련은 혁명의 시기였어요. 그러다 보니 인간은 타고나는 것보다 사회적 학습이 중요하다고 강조했죠. 이기적이고 부르주아 같은 사람들도 적절한 학습, 선전 활동 등을 통해서 반복해서 학습하고 노력을 하면 타인과 공동체를 위한 사회주의적 인간으로 탈바꿈할 수 있다고 주장합니다. 리센코의 이론 역시 이러한 주장과 일맥상통한다고 생각했습니다. 원래 자본주의에 오염된 이기적인 인간도 소련(당시 소비에트 공화국)에 살게 되면 춘하 처리가 된 밀처럼 아버지가 사회주의적 인간으로 바뀌면 후손들도 계속 사회주의에 적합한 사회주의형 인간으로 성장할 수 있다는 것이죠. 그래서 소비에트의 이념, 사회적 이념을 과학적으로 리센코가 뒷받침해 준다고 생각하고 과학적 이론을 정치에 끌어들여요.

사실 과학과 기술은 중립적이고 객관적인 존재라고 생각하지만 어떤 새로운 과학이나 기술적 지식이 사회에서 수용되느냐 그렇지 않으냐는 그 사회의 시스템이나 이념에 의해 크게 좌우됩니다. 그래서 그런 사회의 통념과 맞아떨어지면 박수받고 칭찬받지만 그렇지 못한 경우에는 아무리 새로운 과학적 발견이라고 해도 인정받지 못하고 박해받고 말죠.

대표적으로 갈릴레오 갈릴레이Galileo Galilei의 경우가 그렇습니다. 당시 지구가 우주의 중심이라는 창조론이 엄격한 성역이었으나,

최준영의 교과서 밖 인물 연구소

갈릴레이는 이를 뒤집고 지구가 태양을 공전한다는 지동설을 주장합니다. 하지만 이는 이단 행위로 재판을 받게 되며 심문 끝에 결국 갈릴레이는 진실을 묻어 버리고 자신이 잘못했다고 인정해 버리죠.

하지만 리센코의 주장은 이념적으로도 경제적으로도 당시 소련 지도부에게 무척 매력적으로 다가왔어요. 당시 식량 생산을 늘리는 게 중요했지만 바빌로프 같은 경우는 전 세계를 돌아다니며 다양한 품종들을 수집해 그걸 키우면서 좋은 품종이 나오면 그것들을 교배시켜 새로운 품종을 만드는 방식이어서 대신 시간이 오래 걸리는 단점이 있었어요.

하지만 리센코의 주장은 간단했어요. 얼렸다가 심으면 되는 거죠. 만약 이 주장이 사실이라면 단기간에 식량난에서 벗어날 수 있다고 생각했어요.

게다가 리센코의 출신 성분도 정부로서는 마음에 들었어요. 바빌로프 같은 경우는 유명한 과학자이기는 했지만 전형적인 부르주아였어요. 잘 배우고 집안도 좋은 경우였죠. 하지만 리센코는 가난한 농부의 자식이니 혁명 정신에도 적합하다고 판단했죠.

자신의 주장으로
상대를 모함하는 리센코

리센코가 이렇게 주장을 했지만 아직 검증된 건 아니었어요. 그래서 바빌로프는 이 주장에 대해 검증에 나섰습니다.

일단 리센코의 주장을 면밀히 살펴보니 뭔가 이상한 점이 있었어요. 그래서 제자들에게 리센코의 연구를 그대로 실험해 보라고 했더니 논문과 동일하게 결과가 나오지 않았습니다. 그래서 바빌로프가 직접 1931년부터 1935년까지 반복적으로 리센코의 실험을 검증해 봤습니다. 하지만 몇 년씩 실험을 해 봐도 리센코의 주장은 확인되지 않았어요.

이후 바빌로프는 리센코를 강력하게 비판하기 시작합니다. 하지만 리센코는 해명하거나 오류를 인정해야 하는데 오히려 적반하장으로 나갑니다. "바빌로프, 당신은 서방 자본주의의 이념인 유전학을 가지고 공산주의의 이념을 위협하는 발언을 하는 것이다!"라고 하면서 오히려 바빌로프를 비난하고 나섰습니다.

리센코는 어차피 유전학으로 자신의 이론을 설명할 수 없다는 것을 알았기 때문에 유전학 자체를 믿을 수 없는 학문으로 몰고 가기로 했어요. 리센코가 그렇게 당당할 수 있었던 배경에는 든든한 스탈린이 있었기 때문이죠.

당시 두 사람의 논쟁은 여러 차례, 다양한 과정을 거치면서 진행되었는데 그러던 와중에 1935년, 크렘린 궁전에서 농업 학회가 개최됩니다. 그리고 스탈린의 앞에서 회의를 하게 돼요. 그런데 이 자리에서 리센코는 바빌로프를 서방 자본주의의 파괴 공작원이라고 맹비난을 퍼붓습니다. 그리고 1939년, 다시 한 번 "소련 산업계와 농업계 내부에 파괴 공작원, 테러 조직이 존재한다. 그중 한 사람이 바로 바빌로프다."라고 주장합니다. 은혜를 원수로 갚은 거죠.

소련의 역사를 보면 많은 사람이 자신의 적이나 특히 라이벌, 경쟁 관계에 있던 사람들을 반역자, 자본주의의 스파이라는 식으로 비방하면서 비난하는 경우가 많았어요. 먼저 상대방에게 비난을 퍼부으면 상대방이 의혹을 사게 되는 거죠. 그러면 그 말을 그대로 믿고 비밀경찰이 체포해서 처리해 버리는 일이 많았어요.

고발 같은 경우는 이런 식으로 공개적인 발언으로 회의 석상에서 이루어지기도 하고 편지나 각종 메모 등 서면으로도 가능한 경우가 많았어요.

바빌로프 같은 경우는 1930년대 초반부터 여러 가지로 연구 활동에 제약을 받아 오고 있었는데, 이러한 갈등이 격화되면서 바빌로프에 대한 탄압이 본격화되었습니다. 우선 바빌로프는 전 세계를 돌아다니며 종자를 찾아와야 했는데 출국을 금지당해요. 그리고 《프라우다》 같은 곳에서 공개적으로 바빌로프는 반성해야 한다고 비난에 나섰죠. 사회적 분위기가 이렇게 흘러가니 리센코는 더 나서서 잘못 만들어진 데이터를 가지고 이야기하는 사람들을 소탕해야 한다며 자신의 이론을 이해하지 못하는 자들 역시 소탕해야 한다고 목소리를 높입니다.

과학적 의견이 다르면 설득하고 설명해서 서로 합의점을 찾아가야 하는데 리센코는 자신에게 불리할 것 같은 상대를 여론몰이로 선수를 쳐서 아예 없애 버리려고 한 거죠.

과거 소련은 대숙청 시기가 있었습니다. 이때가 딱 그 시기였어요. 그래서 수백만 명의 사람들이 특별한 이유나 큰 잘못이 없는데도 그냥 이웃의 사소한 고발로 인해 체포되거나 고문을 당하고 운이 없으면 시베리아로 끌려가 강제수용소에서 죽음에 이르게 되는 일이 많았습니다.

대규모 기근에
시달리다

1932~1933년에 걸쳐 소련에는 대규모 기근이 닥칩니다. 그래서 지금으로는 상상하기 힘들 정도로 많은 사람이 굶어 죽습니다. 정확한 통계는 없지만 역사학자들이 대충 추산하기로는 약 500만

최준영의 교과서 밖 인물 연구소

명 정도의 사람들이 죽었을 거라고 해요. 2년 사이에 말이죠.

당시 스탈린이 열심히 추진하던 집단농장 정책으로 인해서 여러 가지 혼란이 생기면서 수확량이 감소하게 됩니다. 상황이 이러면 재빨리 해외에서 식량을 수입하든지 뭔가 대책을 세워야 하는데 오히려 농가에 곡식을 할당해서 무조건 빼앗아 버렸어요. 그러다 보니 이렇게 수백만 명의 사람들이 굶어 죽게 되었고, 리센코의 주장도 큰 영향을 미쳤다고 볼 수 있죠.

리센코는 '식물을 어떤 식으로 처리하면 바뀐다. 그렇게 바뀐 식물은 환경에 잘 적응하고 자손들도 계속해서 잘 적응해 갈 것이다.'라고 가정했죠. 그래서 씨앗을 다양한 온도에 노출하거나 사포로 씨앗을 살살 긁는다든지 산성 용액에 처리한다든지 해서 여러 가지 종자에 자극을 주면 더 잘 자랄 것이라고 했는데 문제는 이 종자 껍질들이 오히려 손상을 입어서 병충해, 곰팡이 감염에 더 취약하게 되었어요. 그 결과 씨앗도 썩게 되고 봄철이 되어 씨를 뿌리려고 보면 뿌릴 씨가 없는 거예요. 그러면 당연히 생산량이 줄어들겠죠. 게다가 리센코는 자기의 방법을 따르면 자본주의자들이 말하는 살충제나 비료도 필요 없다고 했어요.

20세기에 이렇게 많은 사람이 굶주려 죽은 사실은 소련 정부의 언론통제로 오랫동안 외부에 알려지지 않았어요. 이 와중에 가장 큰 피해를 본 지역은 현재 우크라이나 지역입니다. 우크라이나는

풍요로운 토양을 가지고 있어 세계에서 농사가 제일 잘 되는 지역
이에요. 그런데 그곳에서 가장 많은 사람이 굶어 죽었던 것이죠.
그러니 우크라이나를 포함한 소련 내부에서는 큰 불만이 있을 수
밖에 없었습니다. "혁명의 결과가 이게 뭐냐, 누군가 책임을 져야
하는 거 아니냐." 이렇게 목소리가 커지자 희생양이 필요했습니다.

리센코 주장의 희생양,
바빌로프

공산주의 특징 중 하나가 문제가 생기면 잘못을 인정하기보다
는 반혁명 분자들, 즉 혁명에 반대하는 분자들의 어떤 책동으로
문제가 생겼다고 떠넘겨 버리는 경우가 많습니다. 그래서 내부에
서 누군가 희생양을 찾기 시작하고 그러한 논리에 따라 지목된 사
람이 바로 바빌로프였죠. 바빌로프가 자본주의자들의 지시를 받
아서 소련 농업 파괴, 사보타주* 이런 것들을 위한 비밀 반혁명 조
직을 만들어 이런 참극을 빚게 했다고 해요. 말도 안 되는 주장이
지만 증거는 조작하면 되고 자백은 받아 내면 되는 시기였습니다.

---

* 노동 쟁의 행위의 하나. 겉으로는 일을 하지만 의도적으로 일을 게을리함으로써 사용자
에게 손해를 주는 방법

최준영의 교과서 밖 인물 연구소

바빌로프는 이러한 분위기를 눈치채고 동료나 친구들에게 이야기합니다. 하지만 무슨 일이 있어도 자신의 과학적 신념을 굽히지 않겠다고 선언합니다. 소련 정부는 제2차 세계대전이 터지고 정신없는 와중에도 그를 반혁명 분자라는 명분으로 체포합니다. 이후 약 400회에 달하는 신문, 그리고 약 150회에 달하는 고문을 통해서 혐의를 만들어 냅니다. 없는 죄도 만들어 내는 거죠.

유전학에 대한 신념을 포기하면 조금 봐줄 수 있다고 제안하지만 바빌로프는 자기 뜻을 끝까지 굽히지 않고 결국 비공개 재판에서 사형이 선고됩니다. 하지만 집행은 되지 않았어요. 그래도 유럽 과학계에서는 유명 인사였기에 소련에서도 처형하기에는 조금 부담스러웠던 거죠. 일단 감형시키고 감옥에 가둬 놓았으나 식사량이 점점 줄어들어 3년 후 결국 굶어 죽게 되었습니다.

결국 소련 인민들의 굶주림을 해결하기 위해서 전 세계를 돌아다니면서 죽음을 무릅쓰고 종자를 모아 와서 연구를 하며 살았는데 정작 본인이 굶주림으로 안타깝게 세상을 떠나게 된 것이죠.

리센코의 잘못된 이론으로
반복되는 실패

1945년, 소련은 전쟁이 끝나고 농업 시설과 산업 시설의 복구가 시급해집니다. 1948년에는 리센코의 이론이 공식적인 과학 이론으로 인정을 받습니다. 그래서 "전후 복구라는 것들이 단순히 옛날로 돌아가는 것이 아니고 자연을 변형시키고, 소비에트가 번영할 수 있도록 한다."라는 원대한 계획을 세우죠. 그리고 리센코가 모든 정책을 담당하는 책임자가 됩니다.

1948년 8월, 농업 아카데미에서는 현대 유전학자들이 DNA에 관한 소식들을 전하기 시작했는데 리센코는 이를 맹비난합니다. 그래서 1948년 8월에 리센코가 했던 연설은 소련 과학사에서 가장 부정직하고 위험한 연설로 평가될 정도였어요. 이 연설 이후 유전학과 관련된 인물들은 모두 연구직에서 숙청됩니다. 죽은 사람도 있고 쫓겨난 사람도 있었어요. 그리고 소련의 모든 교육 과정에서 유전학에 관련된 것들이 사라지게 됩니다.

결국 그의 이론에 따라서 여러 가지 품종, 농법들이 개발되고 소련의 많은 지역이 새로 개간되어 파종하기 시작합니다. 하지만 역시 기대했던 성과는 나타나지 않고 대실패를 겪게 되죠. 이 정도면 리센코의 주장이 문제가 있다는 걸 사람들이 알아야 할 텐데 현실은 그렇지가 않았어요.

1953년에 스탈린이 사망하고 흐루쇼프^{Nikita Khrushchyov}가 그 뒤를 이었는데 그도 리센코와 원래 아는 사이다 보니 그의 주장을 계속 지지하게 되었어요. 그러다 보니 많은 사람이 스탈린에서 흐루쇼 프로 넘어갈 때 숙청당했는데 오히려 리센코는 더 기세등등해졌 습니다.

뒤늦게 잘못을 깨달은
리센코의 이론

하지만 아무리 정치 지도자가 밀어줘도 성과가 나와야 하는데 계속 실패가 반복되니 리센코의 발언은 점점 힘을 잃습니다. 여기 저기서 비판의 목소리도 더욱 높아졌죠. 1960년대 중반이 되어서 야 그의 연구에 대해서 소련 아카데미가 정식으로 나서서 재평가, 조사하게 됩니다. 그리고 그의 이론이 틀린 것으로 판명되면서 그 는 영향력을 상실하고 그제야 물러나게 되죠.

그리고 그의 반대 이론을 끝까지 주장했던 바빌로프는 뒤늦게 복권됩니다. 반동, 반역 분자라는 오해를 벗고 드디어 과학자로서 의 업적을 인정받게 됩니다. 그리고 쫓겨났던 유전학자들도 다시 연구 현장에 복귀하게 되죠.

하지만 문제는 30년 가까이 소련에서 유전학이라는 학문이 없어졌다 보니 체계적인 육종, 종자 개발에 대한 노하우를 소련은 잊어버리게 되었습니다. 그래서 우크라이나와 같은 좋은 지역이 있음에도 불구하고 이후에도 소련은 지속해서 식량난에 시달립니다.

그리고 리센코의 영향은 소련뿐만 아니라 다른 곳에도 큰 영향을 끼칩니다. 바로 이웃 나라 중국에요. 1949년, 중국은 중화인민공화국, 공산주의 국가로 탄생하게 되는데 새로 만들어진 나라다 보니 소련의 영향을 많이 받게 됩니다. 소련을 큰형님처럼 모시면서 각종 사상, 기술들을 도입하는데 그 당시 리센코의 이론이 전성기를 구가하던 시절이었기에 그의 이론도 같이 받아들이게 되죠. 그래서 소련이 겪었던 실패를 중국이 그대로 반복하게 되고 더 큰 희생을 치르게 됩니다. 그 희생의 규모는 1959년부터 1961년, 2년 사이에 약 4,500만 명 정도가 사망하게 돼요. 대한민국 전체 인구 정도가 2년 만에 사망하게 되는 엄청난 대참사였죠.

물론 여기에는 여러 가지 요인이 있습니다. 하지만 리센코의 이론도 큰 영향을 미쳤다는 것이 일반적인 평가입니다.

그의 주장으로 인해 수많은 사람이 희생되었지만 그는 그 어떤 처벌도 받지 않았어요. 단지 학자들로부터 외면을 받고 사람들로부터 소외되는 정도였죠. 이 정도면 투옥되거나 권리를 박탈당해야 했지만 일반 국민보다 편안한 환경에서 조용히 살다가 1976년, 자신의 잘못에 대해서는 끝까지 인정하지 않은 채 사망합니다.

'후생 유전학'으로 이어지는
리센코의 주장

하지만 최근 리센코의 주장이 맞았다는 주장이 제기되면서 여러 가지 논란이 벌어지고 있습니다. 오늘날 유전에 관한 연구가 많이 이루어지고 있는데 학자들이 계속 연구를 하다 보니 '어떤 특정한 환경에 노출된 경우에는 우리 몸 안에 있는 유전자라는 게 항상 똑같은 모습으로 있지는 않다. 비유하자면 스위치 같은 것이 있어서 어떤 환경에 노출되면 스위치가 켜지기도 하고 꺼지기도 한다.'는 사실을 알았어요. 그래서 이렇게 한 번 켜지거나 꺼진 스위치는 다음 세대로 유전이 돼요.

그 예로, 실제로 제2차 세계대전 때 네덜란드 국민은 독일 나치의 탄압으로 전쟁이 끝나 가던 시절에 엄청난 기근 사태를 겪습니다. 많은 사람이 굶어 죽었는데 임산부들도 마찬가지였죠. 이러한 상황에서 태어난 아이들의 후손들은 현재는 네덜란드가 선진국이니 건강상의 문제가 없어야 하는데 여러 가지 건강상 문제를 겪고 있다는 장기적인 연구 결과로 그것이 입증됩니다. 그리고 소련에서 여우를 가지고 한 실험이 있는데 순한 여우만 골라 계속 교배를 시키면 여우가 개처럼 바뀌어서 온순해져 사람들을 졸졸 따라다니며 꼬리도 흔들었다고 해요. 몇 대가 지나간 다음에 이 여우들의 유전자를 찾아서 분석해 보니 유전자가 바뀌어 있었다고 합니다.

그래서 최근에는 옛날 리센코의 이론이 맞았다고 주장하는 사람들이 다시 확대되고 있다고 합니다. 이를 현재는 '후생 유전학 Epigenetics'*이라고 해서 최근 주목받는 분야로 성장하고 있어요. 하지만 과학자들 사이에서는 '리센코의 악몽'을 알고 있으므로 신중에 신중을 기하면서 이야기를 하고 있답니다.

우리는 업적을 남긴 위인들의 이야기는 반복하여 되새기고 학습하지만, 잘못되고 나쁜 일을 저지른 사람들의 이야기는 자꾸 묻어 버리고 지워 버리는 경향이 있습니다. 하지만 다른 한편으로 보면 이러한 잘못들을 정확하게 알고 앞으로 더는 실수를 반복하지 않도록 하는 것 역시 중요한 일입니다.

---

* 후성 유전학이라고도 하며, DNA 염기서열이 변화하지 않는 상태에서 유전자 발현이 조절되고 유전되는 것을 연구하는 유전학의 한 분야

한 사람의 잘못된 주장과 믿음으로 얼마나 큰 피해를 줄 수 있는지 소련에 큰 희생을 안겨 준 리센코로 인하여 우리는 알 수 있습니다.

05

우크라이나의 독립운동가이지만
나치 부역자라고?

스테판 반데라

Stepan Andriyovych Bandera (1909~1959)

세계의 수많은 전쟁의 시작은 때론 사소한 이유로 인해 시작되는 경우도 있습니다. 최근에는 러시아가 우크라이나를 침공하여 수많은 인명 피해가 발생하고 있는데요. 도대체 왜 러시아는 우크라이나를 침공한 것일까요?

러시아가 주장하는 이유는 여러 가지가 있지만, 그중 하나는 우크라이나를 '탈나치화' 하겠다는 주장이 있습니다. 나치의 손아귀로부터 우크라이나를 벗어나게 해서 변화시키겠다는 목적입니다. 푸틴 대통령의 주장에 따르면 지난 8년간 우크라이나 동부 지역에서는 집단 학살이 있었다고 해요. 그런데 우크라이나에 있는 네오나치, 즉 과거의 나치 세력을 추종하는 네오나치 세력이 이를 주도했다고 주장하고 있는 거죠.

역사를 거슬러 올라가 보면 제2차 세계대전 당시 우크라이나는 소련의 영토였습니다. 그런데 이 소련 영토를 독일이 점령했어요. 그 당시 독일에 협조해 소련에 거주하고 있던 유대인의 학살을 도운 세력이 있었는데, 그 세력이 지금까지 남아서 우크라이나를 지배하고 있다는 것이 푸틴 대통령의 주장입니다.

과거 폴란드와 우크라이나의 접경 지역에 갈라치아라는 지역이 있었습니다. 이 지역의 서쪽은 지금의 폴란드, 그리고 동쪽은 지금의 우크라이나였어요. 이 지역은 옛날부터 외부 세력에 의해서 지배를 많이 받던 지역이었어요. 체코, 폴란드, 오스트리아·헝가리 제국 그리고 소련까지 이어지면서 이 지역을 지배했습니다. 이렇게 계속 외부 세력에 의해서 지배를 당하다 보니 사람들은 계속 노예처럼 박해와 탄압을 받으며 살아왔어요. 그러니 그들에게 독립은 언제나 절실했습니다.

20세기 초반, 갈라치아 지역은 오스트리아·헝가리 제국에 속해 있었어요. 헝가리 사람들은 갈라치아인들에게 막대한 세금을 부과했고, 세 명 이상 광장 같은 넓은 장소에 모여 있으면 무조건 체포해서 감옥에 가둘 정도로 탄압이 심했습니다. 그들이 이렇게까지 한 이유는 민족주의와 관련이 있는데 당시 동유럽 지역에서는 범 게르만 민족주의라고 하는 흐름이 대두되면서 제국에서 벗어나서 우리 민족끼리 모여서 나라를 만들겠다는 운동이 여기저기서 벌어지고 있는 분위기였어요.

그러다 보니 오스트리아·헝가리 제국을 구성하고 있던 헝가리로서는 이러한 분위기로 흘러가는 게 부담스럽고 불안했습니다. 그래서 갈라치아인들에게 무조건 독일어와 헝가리어 둘 중 하나를 사용하도록 했고, 우크라이나어를 사용하는 사람들은 무조건 사형에 처한다고 강하게 나갔어요. 이렇게 강하게 탄압하면 물러서는 경우가 있지만, 오히려 역으로 의지가 더 강해지기도 하죠. 갈라치아인들 역시 탄압하면 할수록 독립을 더욱더 간절히 원하게 되었어요.

혼란 속에서 태어난 스테판 반데라, 독립을 꿈꾸다

이러한 갈등이 한창이던 1909년, 갈라치아에서 스테판 반데라가 태어났습니다. 그리고 스테판 반데라가 10세가 되던 1919년, 제1차 세계대전의 결과로 갈라치아는 독립하여 서우크라이나 인민 공화국이 되지만 폴란드에 재합병되고 맙니다. 그전까지는 오스트리아·헝가리 제국이었다가 전쟁이 끝나고 난 다음에 오스트리아·헝가리 제국이 붕괴하면서 독립이 이루어질 것 같았지만 결국 갈라치아는 폴란드가 다스리는 것으로 정해졌어요. 결국, 다시 폴란드의 지배를 받게 되면서 국민은 분노했고, 독립을 위해 투쟁하는 조직들은 더 많이 생겨나기 시작합니다. 반데라 역시 20세가 되던 1929년, "OUN"이라고 불리는 우크라이나 민족주의 조직에 가입하게 됩니다. 우리말로 하면 독립운동 단체라고 볼 수 있죠.

OUN에는 우크라이나의 폴란드 퇴역 군인, 폴란드에 착취를 당해서 가난해진 농민, 차별로 일자리를 못 찾고 헤매던 부랑자 그리고 고등교육을 받았지만 차별 정책에 분노를 느낀 젊은이 등이 참여했어요. 그래서 이 조직에서 가장 앞장섰던 사람들은 고등학생 또는 대학생들이었습니다. 반데라도 OUN에서 아주 열심히, 열성적으로 활동했어요. 나라의 독립을 주장하면서 사람들을 선동하는 역할도 했지만, 지역을 다스리고 있는 폴란드 관리에 대해서 테러나 암살 등의 활동도 적극적으로 펼쳤어요. 이렇게 앞장서서 눈에 띄는 활동을 펼치다 보니 당연히 폴란드 당국으로부터 주목을 받게 되었죠.

결국 반데라는 폴란드 외무장관을 암살하려는 계획을 세우다가 1934년에 체포되어 종신형인 무기징역을 선고받고 투옥됩니다. 하지만 5년 후인 1939년, 나치 독일이 폴란드를 침공하자 혼란을 틈타 탈출에 성공하게 됩니다.

반데라는 다시 우크라이나의 독립을 추진하기 위해 폴란드의 크라쿠프라는 도시로 가서 우크라이나의 독립운동을 주도하던 안드리 멜니크^{Andrii Melnyk}와 만나게 됩니다. 하지만 둘은 독립이라는 목적은 같지만, 목적을 이루기 위한 방식은 서로 달랐어요.

멜니크는 온건한 방식으로 우크라이나의 독립을 추진해야 한다고 생각했던 것에 반해 반데라는 "그렇게 해서 언제 독립을 할 수 있겠느냐, 더욱 급진적인 방식을 동원해서라도 빨리 독립을 이루어야 한다."라고 주장했던 거죠.

한 조직에서 둘의 생각이 달랐기 때문에 반데라는 자기 뜻을 지지하는 조직원들을 데리고 우크라이나 혁명 민족주의자 조직, "OUNR"이라고 불리는 조직을 설립하게 됩니다.

나치 독일과
손잡은 반데라

이러던 와중에 1941년, 폴란드를 점령하고 있던 독일이 소련을 침공하게 됩니다. 소련은 원체 거대한 나라였기 때문에 군사력만으로는 소련을 이기기가 쉽지 않겠다고 판단한 독일은 소련 내부에서 혼란을 유도할 수 있는 공작원을 찾게 됩니다. 그리고 반데라가 이끌던 OUNR이 적합한 협력자라고 생각을 했어요. 그들은

>>>> 스테판 반데라

소련에서 독립하겠다는 명분도 있고, 조직원들을 다루기가 쉬울 것 같았어요.

최준영의 교과서 밖 인물 연구소

그래서 반데라에게 협조 요청을 했고, 반데라 역시 이에 흔쾌히 승낙했어요. 하지만 협조하는 조건으로 우크라이나의 독립을 도와주겠다는 약속을 받게 됩니다.

참 아이러니한 부분입니다. 독립이 중요하기는 하지만 그렇다고 나치와 협력하는 게 옳은 일이었을까요?

이와 비슷한 예로 과거 미얀마 같은 경우, 한때 영국의 지배를 받던 시기가 있었습니다. 19세기 들어 시작된 영국과의 전쟁으로 인해 식민지가 되었던 미얀마는 영국의 지배에서 벗어나기 위해 제2차 세계대전이 발발하자 일본과 협력을 하게 되는데 그 대표적인 인물이 미얀마의 혁명의 아버지, 독립의 아버지라고 부르는 아웅 산$^{Aung San}$ 장군입니다. 하지만 영국을 몰아낸 일본은 다시 미얀마를 지배하려 했죠.

독립하기 위해서 또 다른 세력의 도움을 받는다면 진정한 독립을 이룰 수 있을지 의문이 들지만 당장 혼자 힘으로 독립할 수가 없으니 일단은 도움을 받고 그다음 상황을 또 해결하면 되지 않을까 생각하는 것 같아요.

이처럼 당장은 나치의 도움을 받는 게 낫겠다는 판단을 한 반데라는 협력에 동의하고 함께 전쟁에 참전하게 됩니다. 그래서 지금의 우크라이나 수도인 키이우를 공격하는 데 같이 참가하게 되고 결국 키이우 점령에 성공하게 됩니다. 키이우를 점령한 이후 반데라는 이제 우크라이나는 독립국이라고 독립을 선언하고 우크라이나 국민 정부를 수립하게 됩니다.

당시 많은 우크라이나 사람들은 독일군을 소련의 압제로부터 해방시켜 준 해방군으로 간주했고, 그들에게 적극적으로 협조하는 경우가 많았어요.

반데라는 국민 정부의 대표 자리는 야로슬라우 스테츠코^{Yaroslav} ^{Stetsko}에게 넘기고 자신은 무장 세력 확충에 주력합니다. 이렇게 만들어진 부대가 'SS 갈라치아'라는 부대인데 약 8만 명 정도에 이르는 규모가 되었어요. 이 부대는 소련군과 직접 싸우는 것뿐만 아니라 독일군에 적극적으로 협력해 유대인 학살에도 적극적으로 나서게 됩니다.

반데라는 원래 철저한 인종주의자였고, 폴란드인과 유대인에 대한 적대심이 매우 강했어요. 그러다 보니 이러한 성향은 자신의 부대에 고스란히 적용될 수밖에 없었죠. 결국 OUNR 조직은 1941년 한 해 동안만 약 20만 명 이상의 유대인을 학살했다고 알려져 있습니다. 유대인을 독일군에게 넘기는 방식으로 협력하기도 했지만 직접 총칼을 들고 살해할 때도 있었어요.

이렇게 독일군에게 적극적으로 협조했기 때문에 독일군은 반데라를 좋아했을 것 같지만 항상 반데라를 경계하고 있었어요. 왜냐하면 반데라가 독일에 협조하는 이유는 진정한 독립이 목적이었기 때문이죠. 그래서 당장은 반데라가 소련군을 몰아내는 데 협력해서 독일군에게 우호적인 세력이지만 조만간 또 반란을 일으킬 것으로 생각했어요. 그래서 1941년, 결국 반데라는 체포되어 베를린으로 이송되었어요.

결국 독일은 자신들을 도와 소련을 무너뜨리는 데만 힘을 써 주기를 원했지 우크라이나의 독립에는 아예 관심이 없었던 거죠.

잘못된 선택으로
가혹한 결과를

독일은 스테판 반데라를 체포한 이후 우크라이나를 직접 통치하면서 자기들을 해방군으로 맞이해 줬던 우크라이나 사람들에게 또 가혹한 통치를 하게 됩니다.

왜냐하면 나치 독일로서는 우크라이나도 소련의 혈통이라고 판단되었기 때문에 신뢰할 수 없다고 생각한 거죠. 독일은 우크라이나의 교육 시설을 모두 폐지하고 자신들의 뜻에 따르지 않는 우크라이나인들은 학살하기 시작했어요.

체포된 반데라는 1942년 1월, 작센의 정치범 수용소에 갇히게 돼요. 반데라가 갇혀 있는 상태에서 우크라이나 국민 정부는 철저하게 나치의 꼭두각시로 전락하게 되었고 유대인 학살에 동조할 수밖에 없었죠.

　제2차 세계대전 중 우크라이나 지역은 치열한 격전이 벌어지는 전쟁터 한복판이었어요. 그로 인해 많은 사람이 전쟁으로 죽고 유대인들 또한 학살에 내몰려서 죽게 되는데 이 당시 우크라이나에 거주하고 있던 유대인 희생자가 약 150만 명 정도로 추산됩니다. 폴란드를 시작해 동유럽 지역에는 상당히 많은 유대인이 살고 있었던 거죠.

　이 와중에 우크라이나 유대인들뿐만 아니라 폴란드인도 10만 명 이상이 사망하는 일이 벌어집니다. 우크라이나로서는 폴란드의 지배를 받으며 자기들을 탄압하던 세력이었기 때문에 반감이 심했어요. 그리고 유대인에 대해서는 탐욕스럽고 이익만 착취하는 존재라는 인식이 유럽 전반적으로 퍼져 있었어요. 당시는 전쟁 중이고 진정한 민족주의 국가 건립을 위해서 이 정도 희생은 치를 수 있다고 합리화시키는 분위기였어요.

　독일이 이길 줄 알았던 전쟁이 점점 불리해지자 OUNR은 이번에는 나치와 대항하게 됩니다. 그렇다고 해서 소련군이 이제 와서 OUNR을 봐줄 리는 없죠. 결국 양쪽 모두를 적으로 맞서 싸워야 하는 상황이 되었어요. 하지만 소련군의 세력이 커지면서 1944년부터 1945년까지 우크라이나 서부 지역을 대대적으로 수색해 OUNR 조직원 또는 협조했던 사람들을 10만 명 정도 찾아내 사살합니다. 또 다른 학살극이 반복해서 벌어진 거죠. 이에 OUNR 역시 끝까지 맞서 투쟁합니다. 소련 장군 니콜라이 바투틴^{Nikolai} ^{Vatutin}을 암살하는 등 거세게 저항했어요.

1944년 9월, 소련군의 공세가 거세지니 독일에서는 우크라이나에서 소련군을 맞서 싸우는 조건으로 반데라를 석방합니다. 반데라는 우크라이나의 독립과 우크라이나군에 대한 협조를 독일에 주장하지만, 독일은 이를 거부해요. 그렇게 독일에 머무르던 중 제2차 세계대전은 끝이 납니다. 어떻게 보면 반데라는 독일에 계속 남아 있었기 때문에 목숨을 건질 수 있었습니다.

전쟁이 끝나고 난 후 반데라는 이번에는 미국 CIA와 협조를 하게 됩니다. 제2차 세계대전 때는 미국과 소련이 손을 잡고 독일과 맞섰지만 전쟁이 끝나고 난 뒤에는 서로 냉전으로 대립이 시작되었어요. 공식적인 전쟁은 끝이 났지만 이후 각 나라가 독립을 추진 등 여러 가지 일들이 많았어요. 우크라이나 역시 이 혼란을 틈타 독립을 위한 여러 움직임이 있었는데, 반데라는 멀리 떨어진 곳에서 여러 가지 조직 활동을 만들어 내고 군사작전을 지휘하게 됩니다.

미국 입장에서 봤을 때는 소련이 좀 혼란스러워야 동유럽에 대한 소련의 영향력을 감소시킬 수 있다고 생각을 해서 이런 작전을 전개했지만, 소련군의 무자비한 진압과 압도적인 군사력으로 이러한 시도들은 대부분 실패하게 됩니다.

소련의 입장에서 반데라의 행동은 정말 눈엣가시였죠. 나치 독일과 협력한 것도 용서할 수 없는 일이었지만 전쟁이 끝난 다음에는 미국과 손을 잡고 자신들에게 총부리를 들이대는 존재가 되었으니 어떻게든 없애 버려야 할 대상이었습니다.

이러한 시도가 끝난 이후에도 반데라는 계속해서 독일에 남아 우크라이나 독립을 위한 활동을 계속했습니다. 우리나라가 일제 강점기에 있을 때 많은 독립운동가들이 해외로 나가서 독립운동을 지원했던 것처럼 반데라도 그렇게 타국에서 자신의 나라를 독립시키려고 활동했던 거죠. 하지만 그런 반데라가 계속 탐탁지 않았던 소련은 1959년, KGB 첩보 요원인 보흐단 스타신스키^{Bohdan Stashynsky}를 뮌헨으로 보내 독극물을 이용해 암살합니다.

반데라는
진정한 독립투사인가?

자신의 나라를 독립시키려고 나름대로 노력했지만 협력 상대를 잘못 골랐고, 독립을 위한 과정 또한 잘못된 부분이 많은 안타까운 상황의 연속이었습니다. 반데라의 입장에서는 독일과 손을 잡으면 독일이 전쟁에서 승리할 경우 자신의 나라가 독립을 이룰 수 있을 거로 생각했지만, 소련의 세력은 막강했고 결국 우크라이나

최준영의 교과서 밖 인물 연구소

는 소련의 일부로 남게 되었죠.

하지만 영원할 것 같던 소련이 1991년에 붕괴하면서 우크라이나는 그토록 원하던 독립을 하게 됩니다. 그러면서 그동안 독립에 기여했던 사람들을 찾아서 추모하고 기념하는 작업을 벌이면서 반데라는 다시 한 번 독립을 위해 희생한 독립 영웅으로 부상하게 됩니다.

사실 여러 가지 논란이 있었지만 2010년, 우크라이나 빅토르 유셴코 대통령이 반데라에게 영웅 훈장을 수여해 추서追敍*하게 됩니다. 즉 공식적으로 국가적인 차원에서 반데라를 독립투사로 인정하는 것이었죠.

그러자 국제적으로 비난이 일어났어요. 나치에 적극적으로 협력했던 반데라를 국가적으로 인정했다는 것은 우크라이나라는 나라에서 나치 독일을 옹호하는 것 아니냐는 것이었죠. 그리고 국가적으로 이러한 움직임이 일다 보니 물밑에서 내부적으로 활동하던 각종 극우 세력들이 부상하게 됩니다. 결국 이러한 극우 세력들은 '프라비섹토르'라는 단체를 결성하게 되고, 이 단체는 이후 우크라이나의 친러시아 성향의 정부가 들어서면서 이 정부와 반

---

* 벼슬의 등급이나 훈장 등을 죽은 후에 올려 주거나 수여함.

대 성향으로 대립하게 됩니다. 결국 각종 폭력 시위 등으로 공격하는 데 앞장서게 되고, 그러한 시위를 주도하는 세력으로 성장하게 되죠. 그러다 보니 러시아로서는 이 세력들을 가만히 두고 볼 수가 없었어요.

그렇다면 반데라는 정말 우크라이나 전 국민에게 영웅으로 추앙되었을까요?

우크라이나는 드네프르강 서쪽은 친서방 성향이 강하고 동쪽은 친러시아 성향이 강합니다. 그래서 러시아어를 사용하는 사람들은 동쪽에, 우크라이나어를 사용하는 사람들은 서쪽에 나뉘어 있어요. 사실 이 두 언어는 비슷한 부분이 많지만 자기들끼리는 명확히 구별된다고 해요. 그래서 러시아의 영향을 덜 받고 옛날부터 독립하고자 했던 의지가 강했던 서부 지역에서는 반데라는 영웅으로 추앙받고 있었죠.

최근 우크라이나의 전쟁 뉴스를 보다가 많이 등장하는 리비우 같은 지명을 가진 서부 우크라이나 도시에는 반데라 동상이 곳곳에 서 있고, 그의 이름을 딴 거리도 있습니다. 그리고 곳곳에서 명예시민으로 추대하는 일도 많이 있어요.

그리고 그의 생일인 1월 1일에는 네오나치 세력들이 모여서 대규모 횃불 시위를 주도하면서 반데라를 추모하는 활동을 공개적으로 하다 보니 국제사회에서는 우크라이나 전체를 나치를 옹호

>>>> 스테판 반데라 탄생을 기념하는 행렬 (2020년 1월 1일, 우크라이나 키예프)

하는 나라로 간주해 갈등, 논란의 대상이 되기도 했죠.

그러니 러시아로서는 이러한 세력들에 대해 민감할 수밖에 없었어요. 제2차 세계대전 때 나치 독일군에 의해 가장 많은 인명 피해를 입은 나라가 어디냐고 하면 소련입니다. 소련 같은 경우는 당시 약 2,700만 명 정도가 독일군에 의해 사망을 했습니다. 정말 어마어마한 희생이 있었죠.

그런데 그러한 나치를 옹호하는 세력이 바로 옆 나라에 존재하니 러시아로서는 거슬릴 수밖에 없는 거죠. 러시아는 이들의 활동을 네오나치로 간주하고, 이들을 옹호하는 우크라이나 정부 역시 결국 네오나치 세력과 다름없다고 주장합니다. 그리고 그러한 이유가 이번에 전쟁을 일으키는 하나의 원인으로도 작용하게 되었습니다.

결국 과거의 역사가 오늘날 새로운 분쟁의 원인이 된 거죠. 역사를 배운다는 것을 옛날, 과거를 배운다고 생각하지만 사실 역사라는 것은 현재 그리고 미래까지도 영향을 미친다고 볼 수 있어요. 그 역사 속 인물에 대한 평가 역시 시간에 따라서, 또 보는 관점에 따라서 달라지기도 하기 때문입니다.

반데라라는 인물에 대해서도 독립이라는 키워드를 놓고 보면 그는 당연히 독립투사, 독립 영웅으로 볼 수 있습니다. 하지만 반대로 나치와의 협력이라는 바람직하지 않은 행동은 인류 보편적인 관점으로 봤을 때 용서할 수 없는 전쟁 범죄자일 수밖에 없는 거죠.

우리나라도 이와 같은 예가 있습니다. 일제강점기 때 이토 히로부미는 일본의 입장에서 봤을 때는 일본의 지위를 세계적으로 높이는 데 크게 기여했고, 일본의 산업 근대화를 이끌었던 국민적인 영웅이었죠. 하지만 우리나라의 입장에서 봤을 때는 조선을 병합하는 데 앞장섰던 용서할 수 없는 인물이었습니다. 그러한 이토 히로부미를 안중근 의사는 사살했고, 안중근 의사는 우리 국민한테는 독립투사로서 국민적인 영웅이 되었죠. 하지만 일본의 입장에서 봤을 때는 자신들의 영웅을 죽인 살인자로밖에 인식되지 않습니다.

한 인물에 대한 평가는 이렇게 어떠한 관점에서 바라보느냐에 따라 평가가 완전히 극과 극으로 갈리게 됩니다.

우리가 보통 사람을 평가할 때 객관적으로 평가해야 한다고 이야기를 하는데, 이 '객관적'이라는 판단이 참 쉬운 일이 아니기에 그렇게 강조하는 거겠죠.

미국 같은 경우도 과거 영웅으로 간주되던 사람이 인종차별주의자로 평가되면서 동상을 치우는 일이 생기기도 하는 등 과거에는 훌륭했던 사람들이 어느 순간 오히려 비판을 받는 현상들이 종종 일어납니다.

과거에는 그 사람의 말이나 행동이 정당하고 올바른 것으로 판단되었지만, 오늘날의 기준으로는 그것이 차별적이고 편협된 경우가 된 것이죠.

그때는 옳았지만 지금은 그른 일이 되어 버리는, 단지 판단이 바뀌는 정도면 모르겠는데 아예 역사에서 지워 버리려고 하는 시도는 어떻게 보면 또 다른 갈등의 요인이 되지 않을까 싶습니다. 그래서 오늘의 올바름이 미래에는 또 다른 판단으로 올바르지 못한 것으로 간주할 수도 있습니다.

스테판 반데라 역시 본인의 처한 상황을 이해하는 판단에 따라 평가가 극과 극으로 다를 수밖에 없는 인물입니다. 그의 판단, 그의 행동이 나비효과가 되어 오늘날 이처럼 크나큰 전쟁의 원인을 제공하게 되었으니 말이죠.

06

와이파이 발명가인데
왜 아름다운 영화배우로만 기억되는 거지?

헤디 라마

Hedy Lamarr (1914~2000)

우리가 보통 사람을 만나서 그 사람이 어떤 사람인지 판단할 때 가장 먼저 무엇을 볼까요? 어쩔 수 없이 우선 눈에 보이는 것이 외모입니다. 사자성어에 신언서판身言書判이라는 말이 있는 것처럼 처음에 사람을 보면 외모로, 그다음에 입을 열면 그 사람의 말로 사람을 평가합니다. 그리고 몇 마디 들어 본 다음에 상대를 평가하는데 사실 돌이켜 보면 그 과정에서 오해가 발생하는 경우가 생기기도 해요. 상대의 진정한 가치와 능력을 보지 못하고 외모 또는 학벌 등에 관심을 두고 보니 이러한 오류를 범하는데 사실 이러한 편견들 때문에 자신의 능력을 제대로 인정받지 못하고 잊혀 간 사람들이 많이 있습니다.

특히 여성의 경우는 외모로 인하여 그러한 편견이 생기는 경우가 종종 있죠. 너무나 뛰어난 외모로 자신의 능력이 가려져 인정받지 못했던 인물, 바로 헤디 라마도 이 중 한 명이었습니다.

헤디 라마의
어린 시절

헤디 라마는 유명한 할리우드 영화배우입니다. 1949년에 개봉된 유명한 영화 〈삼손과 델릴라^{Samson And Delilah}〉의 여주인공이기도 하죠. 본명은 헤드윅 에바 마리아 키슬러^{Hedwig Eva Maria Kiesler}로 1914년 11월 9일, 오스트리아 빈에서 태어났어요. 아버지는 은행가였고 어머니는 피아니스트로 굉장히 부유한 집안의 외동딸로 태어났습니다. 아버지는 딸을 애지중지 키우면서도 세상을 넓게 바라보는 견문을 가질 수 있게 교육하셨어요. 그래서 항상 무언가 설명해 주기를 좋아했죠. 자동차가 지나가면 자동차가 어떻게 움직이는지, 인쇄기에서 종이가 찍혀 나오면 이게 어떻게 움직이는지 등 원리를 이해시키려고 노력했습니다. 그래서인지 헤디 라마는 5세 때 뮤직 박스의 작동을 이해하기 위해서 뜯어서 다시 재조립하는 데 성공했다고 해요.

아버지가 이렇게 다양한 설명을 해 주셨다면, 피아니스트였던

최준영의 교과서 밖 인물 연구소

어머니는 헤디 라마가 4세 때 발레, 피아노 레슨을 받도록 했습니다. 그래서 10세쯤에는 능숙한 피아노 연주자가 되었고 그다음에는 무용수 그리고 여기에 더해서 4개 국어를 말할 수 있는 재주 많은 아이가 되었어요. 이처럼 창의적이고 똑똑했던 헤디 라마는 외모까지 워낙 출중했는데 어릴 적 영화나 영화배우에도 관심이 많았어요. 그래서 잡지도 많이 보고 영화사에 직접 찾아가기도 했죠.

16세에 대학의 공학 분야 공부를 시작하기는 했지만 예술 쪽에 관심이 더 많았던 헤디 라마는 다니던 학교를 중단하고 문화의 중심지였던 독일 베를린으로 떠났습니다. 그리고 베를린에 있는 막스 라인하르트라는 연극 학교에 입학했어요. 그리고 불과 1년 만에 짧은 영화지만 역할을 맡아 데뷔를 했어요. 그때 나이가 17세였어요.

하지만 3년 후 그녀에게 평생을 옭아매는 일이 생깁니다. 1933년, 체코슬로바키아에서 촬영한 〈엑스터시Ecstasy〉 영화에서 감독이 그녀의 알몸 촬영을 요구합니다. 사람들의 상상력을 자극하는 정도로 실루엣만 촬영하겠다고 했지만 사실 그렇지 않았어요. 이로 인해 그녀는 영화계 사상 최초로 알몸 연기를 한 배우라는 수식어가 평생 따라다니게 되었습니다.

이 당시로서는 수위가 무척 높은 영화였기 때문에 교황도 나서서 이 영화를 비난했고 독일의 히틀러 같은 경우에는 아예 영화

상영을 금지하기도 했습니다.

감옥 같았던
그녀의 결혼 생활

그렇게 그녀는 유럽 전역에서 미모의 섹시한 여배우로 명성을 떨치게 되었어요. 그러다 보니 수많은 사람이 그녀에게 접근합니다. 그중 독일에서 군수업계 거물이었던 프리드리히 만들^{Friedrich Mandl}이라는 사람이 라마와 그녀의 부모님을 찾아와서 간절히 구애를 해요. 그리고 20세밖에 되지 않았던 라마는 부모님의 허락으로 결혼을 하게 됩니다.

만들은 히틀러 그리고 무솔리니라는 독재자들의 친구였어요. 이 사람들에게 무기를 팔아서 많은 돈을 번 상인이었는데 그는 질투심이 매우 많았다고 합니다. 지금으로 따지면 의처증이 심했던 거죠. 너무 아름답고 유명한 여성을 부인으로 맞이하다 보니 불안함이 컸어요. 그래서 그가 맨 먼저 한 일은 과거 촬영했던 〈엑스터시〉 영화의 모든 필름을 비싼 돈을 주고 사들여 모두 불태워 버려요. 다른 사람들이 영화를 통해 아내의 알몸을 다시는 보지 못하게 한 거죠. 그리고 집에 있을 때도 자신이 없을 때는 절대 옷을 벗지 못하고 전화 통화까지 엿듣는 별도의 고용인까지 동원해서 그녀를 옴짝달싹 못 하게 했어요.

그래서 나중에 라마는 회고록에 이렇게 기록했습니다. "그의 아내로 있는 동안은 나는 결코 배우가 될 수 없다는 것을 깨달았다. 결혼 생활에서 그는 절대적 군주였고 나는 인형 같았다. 생명도 없고 생각도 없이 보호되어야 하는 예술품 같았다."

만들은 그녀의 미모만 탐닉했을 뿐 라마의 지적 재능은 인정하지 않았어요.

하지만 남편의 비즈니스 모임에 따라다닐 수 있었던 라마는 과학자들이나 무기상들 사이에 오가는 대화 내용을 다 들을 수가 있었어요. 여러 가지 발명이나 군사적인 기술 등에 관한 비밀이 오가는 자리였지만 남편은 그녀가 알아들을 수 없을 거로 생각하고 함께 갔던 거죠. 그녀는 그 모임에서 그들의 대화를 집중해서 들어요. 그리고 혹시 모르는 내용이 있으면 집에 가서 밤을 새워서라도 각종 책을 찾아보면서 하나씩 깨우쳐 나갔어요.

그렇게 몇 년 동안 지내던 라마는 이제 더는 이렇게 살 수 없다고 생각했습니다. 그래서 집에서 탈출을 계획합니다. 어차피 본인의 의지대로 헤어질 수 없다고 판단되었고 그냥 탈출해도 곧 잡혀 올 것 같았기 때문에 본인과 닮은 외모의 하녀를 찾아 고용해요. 그리고 남편에게 수면제를 먹이고 재운 사이 하녀의 옷으로 바꿔 입고 모든 보석을 챙겨 들고 탈출을 합니다. 그리고 전혀 연

고가 없는 곳으로 떠나요. 없어진 라마를 찾기 위해 남편은 백방
으로 사람들을 보내서 찾았죠. 하지만 파리로 도망간 라마를 찾을
수 없었어요.

파리에서 다시 영국 런던으로 건너간 라마는 이 당시 영어를 거
의 하지 못했다고 해요. 하지만 런던에서 영화 제작사의 대표를
지내고 있던 루이스 B. 메이어$^{Louis\ B.\ Mayer}$라는 사람을 만납니다. 이
사람이 미국에서 꽤 많은 영화를 찍고 있고 조금 있으면 다시 미
국으로 돌아간다는 사실을 알게 된 라마는 어떻게 해서든지 이 사
람과 함께 미국으로 가야겠다고 생각합니다.

미국에서 여배우로서
날개를 펴는 라마

하지만 미국으로 건너간 라마는 영어도 잘하지 못했고 유럽에
서 워낙 이슈가 많았던 여배우이다 보니 배우로서 시작이 쉽지는
않았어요. 7개월을 졸라 간신히 헤디 라마라는 새로운 이름을 가
지고 대형 영화사였던 MGM과 계약을 하게 됩니다. 그리고 드디
어 그녀는 미국에서 제2의 삶을 시작하게 돼요.

그 당시 할리우드 영화 스튜디오는 수직 계열화였어요. 소속되
어 있는 사람들이 대본도 쓰고 영화도 촬영하고 그 MGM 소속의

>>>> 헤디 라마

영화관에서 상영하고 전부 하나의 지붕 아래에서 모든 영화 활동
이 이루어지다 보니 영화배우도 직장인처럼 그곳에 고용된 사람
들이었죠.

　라마는 MGM에 소속되어 1938년부터 영화 〈알제^{Algiers}〉, 〈화이

트 카고^{White Cargo}〉, 〈헤븐리 바디^{Heavenly Body}〉 그리고 〈삼손과 델릴라〉 등 25편 정도의 영화에 출연하는데 전설의 미남 남성 배우들과 호흡을 맞추면서 MGM을 대표하는 여자 배우로 자리매김을 합니다.

하지만 대부분 영화에서 그녀는 연기력보다는 예쁜 얼굴만 클로즈업해서 찍는 경우가 많았다고 해요. 사람들이 제일 좋아하는 표정을 자주 보여 줄 수 있게 움직임도 최소화하고 가만히 있는 경우가 많았죠. 연기를 잘하는 배우로서 성공하고 싶었던 그녀로서는 무척 안타까운 상황이었습니다.

그래서 그녀의 회고록을 보면 "나중에 내 얼굴은, 내 아름다움은 나의 불운이자 저주였다."라고까지 이야기합니다. 천부적으로 아름다운 외모를 가지고 태어났지만 결국 그것이 그녀의 발목을 잡는 덫이 되었다고 하죠. 자신이 오히려 평범한 외모를 가졌다면 차라리 더 좋았을 거로 생각했어요.

그래서 우리는 보통 더 많은 돈, 더 많은 권력, 더 뛰어난 외모를 지니면 인생이 행복하고 만족스러울 거라고 생각하는데, 사실 인생이라는 게 그렇게 어떤 특정한 요소들이 많다고 해서 좋아질 수도 있지만 반드시 더 나은 인생을 사는 건 아니라는 겁니다. 내가 하고 싶고 잘하는 것이 있으면 그것을 하면 좋은데 내 의지와는 상관없이 사람들이 원하는 역할, 원하는 행동, 원하는 모습만을 보여 준다는 것은 누군가에게는 행복이 아니고 불행일 수도 있었던 거예요.

발명가로서의
또 다른 삶

그래서 그녀는 다른 방향으로 돌파구를 찾습니다.

낮에는 스튜디오에서 촬영하고 밤에는 집에 가서 공학, 과학 등을 연구하고 발명하는 거죠. 요즘 같으면 무척 멋있는 사람이라고 생각했겠지만 그 당시에는 여배우가 무슨 발명이냐고 뒤에서 비아냥거리고 우스갯거리로 취급하기가 일쑤였어요. 사람들이 편견을 가지고 있었던 거죠.

오늘날에도 뛰어난 외모를 가진 사람들은 성격이 좀 까다로울 것 같다는 생각을 하는 경우가 종종 있습니다. 그러다 보니 사람들이 선뜻 다가가지 못하는 경우가 많아 뛰어난 외모를 가진 사람들은 오히려 외로운 경우가 많다고 해요. 그런데 막상 이야기를 해 보면 여느 사람들처럼 그들도 털털하고 무던한 스타일이 많은데 말이에요. 그러니까 우리가 외모, 스펙, 배경 등으로 그 사람을 제대로 알기도 전에 미리 판단해 버리고 편견을 가지면 안 되는 겁니다.

이렇게 외로운 환경 속에서 다행히 그녀에게 좋은 친구가 있었어요. 오늘날 많은 사람이 좋아하는 아이언맨의 모티브가 된 실존 인물 하워드 휴스^{Howard Hughes}입니다. 이 하워드 휴스는 많은 돈을 벌었지만 성격이 무척 괴짜이고 결벽증도 있어 은둔하는 재벌 과학자였어요. 그래서 사람들과 잘 어울리지 못했지만 헤디 라마와는 사이가 아주 좋았어요. 그래서 사람들은 재벌과 여배우와의 만남이라면서 비아냥거리기도 했지만 둘은 공통 관심사로 대화가 무척 잘 통하는 사이였습니다. 하워드 휴스는 비행기도 발명하고 여러 가지 과학 기술을 이용해서 새로운 물건을 만드는 것을 좋아했어요. 그래서 라마에게 실험 장비 등을 선물하기도 했죠. 그리고 함께 일하고 있던 엔지니어나 과학자들을 라마에게 소개해 주기도 했어요. 휴스는 라마의 과학적인 사고방식을 무척 높이 평가하고 발명에 필요한 자기의 장비들도 흔쾌히 빌려주며 지적 교감을 나누었습니다.

주파수 도약을 발명한 라마

1940년은 그녀가 한창 인기를 누리고 있던 시기로 제2차 세계 대전이 벌어지고 있었어요. 어느 날 그녀는 전쟁 뉴스를 보다가 충격적인 소식을 접하게 됩니다. 독일군의 잠수함 공격으로 아이들을 포함한 피난민들이 탄 여객선이 대서양에서 격침되어 큰 인명 피해가 났다는 뉴스였죠. 그 당시 미국과 영국 등의 연합군은 독일군의 잠수함 때문에 큰 피해를 보고 있었어요. 물속에 있는 잠수함을 찾아서 격파하기가 그 당시 기술로는 쉽지가 않았죠. 제일 좋은 방법은 멀리서 레이더로 잠수함을 찾아 어뢰를 발사해 명중시키면 되는데 계속 움직이는 잠수함을 쫓아가기가 쉽지 않았어요. 먼 곳에서 움직이는 어뢰를 조정하려면 전파를 이용해야 하는데 전파를 보내면 상대방이 먼저 알아채 버리는 거죠.

헤디 라마는 이 뉴스를 보다가 옛날 남편의 지인들을 만나는 자리에서 원거리 조종 어뢰에 관한 이야기를 들었던 것을 떠올렸어요. "이게 전신기를 이용하면 되는데 그러면 상대방이 파악할 수가 있으므로 이건 실용성이 없어요."라는 이야기였죠. 그래서 라마는 이 방법 말고 뭔가 다른 방법이 없을까 고민하다가 한 아이디어를 떠올립니다.

전파에는 여러 가지 주파수가 있습니다. 우리가 듣는 라디오에도 여러 가지 주파수가 있잖아요. 그런데 하나의 주파수로 계속 유도를 하면 상대방이 이상하다고 생각하겠죠. 그럼 상대방이 알지 못하게 주파수를 계속 바꾸면 되겠다고 생각했어요.

잠수함이 가지고 있는 탐지기가 주파수를 인식하려면 일정 시간이 필요합니다. 주파수가 계속 똑같은 걸 파악하면 경보를 깜빡

깜빡 울려 주는데 이 시간이 되기 전에 주파수를 재빨리 바꿔 버리는 거죠.

하지만 이것을 '아, 이렇게 만들면 되겠구나.'라고 생각은 하지만 실제로 이걸 만들어 내기는 쉽지 않아요. 예를 들어 처음에는 100이라는 주파수로 통신을 하다가 바로 205라는 주파수로 올리는 거예요. 그러다가 170으로 바꾸고, 그러면 여기서 전파를 보내는 것과 어뢰에서 수신하는 것이 서로가 미리 약속해서 주파수를 같이 딱딱 맞춰 줘야 하는 거죠. 한순간이라도 놓치면 연결이 끊기는 거니까요.

결국 연결이 끊어지지 않으면서도 주파수는 계속 바뀌는 방법을 고안해 내야 했어요. 희미하게 아이디어는 떠오르는데 이걸 구체화하기는 상당히 힘들었어요. 계속 고민을 하다가 주파수가 음악과도 연관이 있을 거라는 생각이 들었습니다. 어차피 주파수도 여러 가지 리듬이라고 생각하고 절친한 작곡가였던 조지 앤타일 George Antheil이라는 사람에게 도움을 요청합니다.

옛날 흑백 영화를 보면 종종 등장하던 발명품 중에 무인 피아노가 있습니다. 지금도 어린이 과학관 같은 곳에 가면 사람이 없는데 피아노가 혼자 연주를 하는 모습을 볼 수 있어요. 이게 1940년대에도 있었어요. 오늘날에는 컴퓨터로 연결되어 연주하지만 그당시에는 이게 어떻게 가능했을까요?

이 당시에는 종이에 구멍을 뚫어서 쭉 돌리는 방식으로 연주를 했어요. 릴처럼 만들어서 감아 놨다가 펴지면서 연주가 되는 거예요. 그러면 전기가 위에서 쭉 누르고 있다가 구멍이 뚫리면 전기가 통하면서 신호를 감지하는 거죠. 그러면 해당하는 건반이 눌리는 방식이었어요. 그런데 기계가 반응하려면 미리 준비할 시간을 줘야 하죠. 그래서 종이 구멍에는 '지금 누르는 음악은 파인데 다음 음은 솔이야. 준비해.' 이런 신호가 들어 있는 거예요. 그래야 음이 중간에 끊기지 않고 자연스럽게 곡을 연주할 수 있죠.

라마와 앤타일은 바로 이 원리를 이용하기로 합니다. 주파수를 바꾸기 직전에 이야기를 해 주는 것이죠. '다음 주파수 205'라고 하면 빠르게 205로 가서 듣고, '다음 주파수 170'이라고 하면 또 170으로 움직이는 거죠. 이 속도가 아주 빠르면 상대가 파악할 수도 없고 엿듣거나 방해하기도 힘든 거예요.

이러한 방식은 주파수 도약, "프리퀀시 호핑Frequency hopping"이라고 불리며 현재도 사용하고 있는 방식입니다. 군대에서 사용하는 군용 무전기 같은 경우는 1초에 몇천 번씩 뛰어다니며 주파수가 계속 바뀌어요. 상대방의 도청을 방지하기 위한 것이죠.

게다가 오늘날 우리가 사용하고 있는 무선 통신, 와이파이, 블루투스에도 이 기술은 가장 기본이 되는 기술입니다. 하나의 주파수로 여러 사람이 사용해야 하므로 서로 엇갈리지 않게 교류하면서 사용할 수 있도록 하는 거죠.

주파수는 폭이 무척 좁습니다. 하지만 많은 사람이 통신을 해야 하니 이것을 최대한 작게 쪼갭니다. 그리고 이것을 시간이나 주파수 사이의 틈에 뿌리면 한꺼번에 이것들이 날아갑니다. 그러면 받는 쪽에서는 다시 하나씩 맞춰서 받는 거죠. 음성이나 사진 등 기타 여러 가지 데이터로 말이죠. 마치 마술과도 같죠.

우리가 지금은 너무나 당연하게 사용하고 있는 이런 스마트폰과 인터넷에는 이런 놀라운 기술들이 숨어 있어요. 그래서 "이런 기술을 누가 처음 만들었지?" 하고 쭉 거슬러 올라가다 보면 뜻밖의 인물 헤디 라마를 만나게 되는 것이죠.

세상에 묻혀 버린
위대한 기술

라마와 앤타일은 주파수 도약 기술로 1942년 8월에 미국 특허청에서 특허를 받습니다. 그리고 이 특허증을 받자마자 미국 정부에 기증합니다. 이 기술로 전쟁에서 이겨 달라고 부탁을 한 거죠.

라마가 이렇게 위대한 발명을 했지만 이 당시에는 두 가지 이유로 이 사실이 세상에 묻히게 됩니다. 우선 아무도 라마가 이런 발명을 했다는 사실을 알 수 없었어요. 왜냐하면 특허증이 나왔을 때 그녀의 이름은 우리가 아는 헤디 라마가 아니라 헤디 키슬러 마키라는 이름이었기 때문이에요. 그 당시 그녀는 재혼한 상태였기에 남편의 성을 따서 다른 이름으로 살고 있었죠. 그러다 보니 특허증을 본 사람들도 이게 그 유명한 헤디 라마가 만들었을 거라고는 아무도 생각하지 못했죠.

그리고 군 입장에서 봤을 때 이 기술을 이용하면 상대방이 도청할 수가 없을 것 같기는 하지만 만약 이 기술로 상대방이 먼저 실용화시키면 우리가 상대를 도청할 수 없어진다고 생각했습니다. 그래서 이 사실 자체를 숨기기 위해 1급 군사 기밀로 분류해서 세상에서 감춰 버렸습니다.

그리고 헤디 라마가 당시에는 연합국의 적국인 오스트리아 출신이라는 이유로 그녀의 특허권을 박탈해 버려요. 좋은 마음으로 열심히 발명해서 나라에 기증했지만 세상에 빛도 보지 못하고 특허권까지 빼앗기는 억울한 일을 당하게 됩니다.

게다가 군대에서는 오히려 라마에게 다른 일을 하도록 강요합니다. 발명가보다는 핀업 걸pin up girl의 역할을 요청하죠. 섹시한 여배우의 사진으로 군대를 즐겁게 해 달라고 요구하고, 전쟁 채권을 팔아서 전쟁에 더 큰 공헌을 해 달라고 요구합니다. 사실 전쟁을 하다 보면 필요한 게 여러 가지가 있지만 그중 전쟁 자금, 즉 돈이 제일 중요합니다. 그래서 당시 미국은 전쟁 공채를 국민에게 팔아서 큰 비용을 조달했어요. 채권이 가장 잘 팔리는 비결은 전쟁 영웅인 군인과 미모의 여배우 조합이었죠. 뉴스에 나올 정도의 영웅적인 공을 세운 군인과 할리우드에서 명성을 떨친 미모의 여배우가 함께 전국을 돌아다니면서 애국심을 호소하는 거예요. 일종의 공연, 쇼를 한다고 할 수 있죠.

그래서 라마의 소속사였던 MGM은 군부대용으로 에로 영화를 만들어서 그녀에게 선정적인 역할을 하도록 강요하기도 했습니다. 결국 라마는 나라의 요구에 따라 전국을 순회하면서 춤도 추고 웃음도 팔며 채권을 팔았어요. 나중에 계산해 보니 라마가 팔았던 채권은 요즘 시세로 3,800억 원 정도에 달할 정도로 엄청난 수익을 냈죠. 그렇게 그녀는 사람들이 원하는 방식으로 나라를 위해 희생을 했어요.

조금씩 빛을 보는
라마의 기술

라마의 특허는 군대에서는 큰 관심을 끌지 못했지만 정보 당국에서는 관심을 보였어요. 왜냐하면 이 기술을 이용하면 도청을 방지할 수 있을 것 같다는 판단이 들었기 때문이죠. 그래서 정보 당국은 이 기술을 이용해 도청 방지 전화기라는 것을 만들게 됩니다. 그래서 루스벨트 대통령과 영국의 처칠 수상이 통화할 때 이 전화기를 처음 사용하게 돼요. 하지만 문제는 당시의 전자 기술이 너무 부족했기 때문에 이런 아이디어를 실제로 구현해 내기는 쉽지 않았어요.

제2차 세계대전이 끝나고 1950년대부터는 진공관이 아닌 트랜지스터라는 것이 발명되었어요. 진공관은 음악을 틀어도 소리가 바로 안 나오고 시간이 조금 지나 가열이 되어야 음악이 나왔는데, 이 진공관들을 수십, 수백 개를 조그마한 칩에 집적시켜 놓은 게 트랜지스터입니다. 1950년대에 들어서는 라마의 기술이 좀 더 활용될 수 있는 기술적인 기반이 마련되기 시작했던 거죠.

하지만 이러한 발명에도 불구하고 라마는 발명 특허로 인한 금전적인 이득은 전혀 없었어요. 빼앗긴 특허를 다시 돌려받기는 했으나 이 특허 기간이 1959년까지였어요. 실질적으로 주파수 도약이라는 기술이 본격적으로 사용된 것은 그 이후 시간이 많이 지나서였기 때문에 발명으로 인한 그녀의 수입은 없었습니다. 오늘날 이 기술의 가치를 돈으로 평가해 보니 약 300억 달러, 우리나라 돈으로 35조 원 정도 되지만 그녀에게 직접적인 소득은 전혀 없었어요.

그런 그녀가 1966년에는 도둑 혐의로 체포되기도 합니다. 그 이후 직접 영화를 찍었지만 흥행에도 실패해서 또 거액을 날리게 돼요. 그러다 보니 사람들에게 라마라는 존재는 여섯 번의 결혼과 여섯 번의 이혼을 한 과거의 섹시 심벌 여배우로 기억되었다가 잊히는 인물이었죠.

너무 늦게 인정받은 그녀의 공로

하지만 무선통신을 연구하던 과학자들, 기술자들은 그녀의 공을 알고 있었어요. 시간이 지나 1990년, 미국의 유명한 잡지인 《포브스Fobes》의 기자였던 플레밍 믹스는 MIT 대학교의 천체 물리학자였던 아버지를 통해 헤디 라마의 이야기를 전해 듣게 되죠. 플레밍 믹스는 기자로서 호기심이 생겼어요. 그래서 그녀의 이야기를 추적하고 사람들에게 물어봐서 예전 여배우로만 기억되던 라마가 사실 위대한 발명가였던 사실을 1990년 《포브스》 5월호에 기사를 냅니다. 당시 무선통신 기술이 폭발적으로 발전하던 시기였기에 사람들의 관심도 당연히 쏠렸어요. 그때 그녀의 나이 77세였습니다. 1997년, 미국 전자 프런티어 재단에서는 그녀의 업적을 인정해서 파이오니어 어워드라는 개척자상을 수여했어요. 그렇게 그녀는 자신의 발명을 공식적으로 처음 인정받게 되었습니다. 그리고 오랜 은둔 생활 끝에 모습을 드러냈어요.

수상 소감은 딱 한마디였어요. "때가 왔군요."

누군가가 알아줄 거라고는 생각했는데 지금이 그때라는 거죠. 사실 너무 많은 시간이 지났어요. 이 영광을 조금 더 빨리 되찾고 행복한 삶을 살았으면 좋았을 텐데 그로부터 3년 뒤인 2000년, 86세의 나이로 미국 플로리다주에서 그녀는 파란만장했던 삶을 마감합니다.

미국은 헤디 라마의 공로를 기려 다양한 방식으로 그녀를 추모했습니다. 2014년에는 미국 발명가 명예의 전당에 헌액* 됩니다. 그리고 2015년에는 구글에서 헤디 라마 탄생 101주년을 기념해서 헌정 영상을 제작하기도 했습니다. 구글이 내걸었던 캐치프레이즈**가 "헤디 라마가 없으면 구글도 없었다"였어요. 헤디 라마를 완벽하게 인정한다는 거죠.

2017년 11월에는 영화도 나왔어요. 〈밤쉘^{Bombshell: The Hedy Lamarr Story}〉이라는 제목으로 헤디 라마에 관한 다큐멘터리 스타일의 영화였습니다. 우리나라에서도 2018년 6월에 개봉되었어요.

미국은 헤디 라마의 공을 뒤늦게 알았지만 그제라도 그 공을 인정하고 그녀를 기억하려고 노력했습니다.

---

* 뛰어난 업적을 인정받아 명예로운 자리에 오르는 것.
** 광고, 선전 등에서 다른 사람들의 주의를 끌기 위한 문구나 표어

이제는 우리 생활에 없어서는 안 될 너무나도 익숙한 인터넷이나 스마트폰을 사람들은 무심코 사용하고 있지만 이제 이런 것들을 사용할 때 한 번쯤 '주파수 도약'이라는 기술로 인해 우리가 이 편리함을 누릴 수 있고 그리고 그 기술의 어머니로 '헤디 라마'라는 사람이 있다는 사실을 한 번쯤 되새겨 주면 좋을 것 같습니다.

제2부

열정이 있는
특별한 사람들

01

에펠탑을 설계한
엔지니어의 이름이 바로 에펠

귀스타브 에펠

Alexandre Gustave Eiffel (1832~1923)

프랑스를 대표하는
에펠탑은 누가 만들었을까?

흔히 '프랑스'는 낭만과 멋과 예술의 나라라고 이야기합니다. 또 많은 사람은 명품 그리고 맛있는 음식과 와인을 떠올립니다. 생각만 해도 즐거워지는 이 나라에는 훌륭한 위인들도 참 많아요. 그 많은 위인 중에서 이름은 익숙하지만 그 사람이 정작 누구인지, 뭘 했는지는 잘 알려지지 않은 한 엔지니어가 있습니다.

많은 사람이 프랑스 하면 역시 파리에 있는 에펠탑을 가장 먼저 떠올립니다. 그렇죠. '프랑스' 하면 '에펠탑'이죠. 학교에서 학생들

>>>> 귀스타브 에펠

최준영의 교과서 밖 인물 연구소

에게 프랑스에 대해 그려 보라고 하면 대부분 삐죽한 에펠탑을 그렸을 거예요. 그렇게 인상적인 에펠탑은 이 파리와 프랑스를 상징하는 존재로 자리 잡고 있습니다.

그런데 이 에펠탑이 언제 만들어진 줄 아세요? 20세기가 아닌 바로 19세기입니다. 1889년 3월에 완공된 높이 300미터의 탑입니다. 지금도 300미터라고 하면 어마어마하게 높은 탑인데 이것을 20세기도 아니고 19세기에 만들었던 거죠.

히어로물에 자주 등장하는 마천루 중에서도 위쪽에 화려한 조명으로 빛나는 건물이 있는데 이것이 1930년에 완공된 미국 뉴욕에 있는 크라이슬러 빌딩입니다. 이 크라이슬러 빌딩이 완공되기 전까지는 에펠탑이 세계 최고 높이의 건축물로 기록되었죠.

그런데 이 에펠탑이라는 이름은 어떻게 지어진 것일까요?

많은 사람이 에펠이 그냥 그 동네 이름이었다고 생각하기도 하는데 '에펠'은 탑을 만든 사람의 이름입니다. 그 사람의 이름을 따서 붙인 거예요. 정식 이름은 알렉상드르 귀스타브 에펠입니다. 그런데 이름을 가만히 보면 프랑스 사람 이름 같지는 않아요. 실제로 에펠은 독일계 사람이에요. 에펠의 고조할아버지가 독일 쪽에 있다가 파리로 이사를 오게 되는데 고조할아버지의 원래 고향 동네 이름이 에펠이에요. 그래서 동네 이름을 따서 성을 에펠로 바꾸게 되지요.

에펠은 무엇을 하던
사람이었을까?

　에펠은 1832년 12월에 태어났습니다. 에펠탑이 1889년에 완공되었으니 57세에 이 탑을 만든 것이지요. 에펠이 무엇을 하던 사람이기에 이 어마어마한 탑을 만들었을까요? 우리는 에펠탑에 대해서는 잘 알지만 정작 이 탑을 만든 에펠에 대해서는 아는 게 너무 없어요. 학교나 책에서 예술가, 정치가, 발명가 등의 위인에 대해서는 많이 배우지만 토목 엔지니어, 즉 토목 기술자였던 에펠에 관한 이야기는 그리 많이 다루지 않기 때문이지요.

　에펠이 활동하던 시기는 철도의 시기였습니다. 1815년, 나폴레옹 전쟁*이 끝나고 유럽에 평화가 찾아오면서 각국에서는 본격적으로 철로를 만들기 시작하죠. 그러면서 철도가 유럽 각국을 연결하는 일이 벌어집니다. 그런데 철길을 쭉 이어 연결하다 보니 강이나 계곡을 만나게 됩니다. 여기서 문제가 생겨요. 기차를 타고 가다가 배를 타고 강을 건너가거나 돌아갈 수는 없으니까요. 그래서 그 강과 계곡을 가로지르는 다리를 만들게 됩니다. 이 시기에

---

*　나폴레옹 시대에, 프랑스가 유럽 여러 나라들과 싸운 전쟁을 통틀어 이르는 말

많은 다리를 만들게 되는데 바로 에펠이 철로가 있는 다리를 만드는 기술자였습니다.

에펠이 처음부터 다리를 만들기 위해 그쪽으로 공부한 건 아니었습니다. 그냥 막연하게 뭔가 기술을 배우면 좋겠다고 생각해서 이과 계통의 공부를 시작하지요. 예나 지금이나 프랑스에서 최고 공대를 꼽으라면 에콜 폴리테크니크^{École Polytechnique}라는 학교입니다. 노벨상 수상자와 대통령을 배출한 프랑스 최고의 명문 대학이죠. 에펠은 이 대학에 입학하기 위해 열심히 준비했지만 합격하지는 못했어요. 그래서 이 대학은 못 가고 이공계 학교인 에콜 상트랄 파리^{École Centrale Paris}에 입학하게 됩니다. 이 학교에서 에펠은 야금술, 즉 금속을 다루는 기술을 배우게 됩니다. 이후 기계공학, 토목공학, 화학 등을 공부하고 1855년에 졸업을 하지요.

옛날 박람회는 어떤 의미였을까?

에펠이 졸업했던 1855년에 마침 프랑스에서는 만국박람회가 개최되었습니다. 요즘 표현으로 하면 엑스포이지요. 유럽 지역은 오래전부터 이러한 박람회가 발달했습니다. 많은 사람이 모이고, 다양한 상품을 전시하여 구경도 하고 상담도 하는 상업적인 목적이 있었지만 거기에는 축제 같은 성격도 있었어요.

당시 나폴레옹 3세가 박람회에 신경을 쓴 데에는 라이벌의 나라 영국의 영향이 컸습니다. 1756년에 이미 영국에서는 왕립 예술 협회의 주최로 산업박람회가 열렸어요. 이 산업박람회는 단순히 장터 수준이 아닌 뭔가 새로운 물건들을 계획적으로 모아 놓고 사람들에게 전시하는 근대 박람회의 시초가 되지요.

이후 1851년, 영국에서는 프랑스에 큰 충격을 주는 박람회가 열립니다. 당시 영국은 산업혁명을 통해 기술력과 생산력이 엄청나게 발전을 한 상태였어요. 영국은 박람회를 통해 이것을 만방에 과시하고 싶었던 거죠. 어떻게 알릴 수 있을까 고민하다가 거대한 건물을 짓게 됩니다. 그것이 바로 크리스털 팰리스^{Crystal Palace}입니다. 이것은 쉽게 생각하면 유리로 만든 거대한 온실이에요. 철골로 뼈대를 만들고 거기에 유리를 끼워 엄청난 규모의 온실을 만들죠. 그 크기가 얼마나 컸는가 하면 전체 면적이 축구장 11개 넓이 정도이고, 높이는 3층 정도 되었다고 해요. 그런데 영국은 이 거대한 건물을 단 몇 달 만에 짓습니다. 더 놀라운 건 그렇게 넓은 건물에 기둥이 하나도 없다는 거예요. 오늘날 생각해도 정말 놀라운 기술인 거죠.

이렇게 영국은 산업혁명을 통해 유리와 철강을 이용한 거대한 건물을 지을 수 있는 기술이 있다고 마음껏 과시합니다. 산업혁명에 대해 여러 가지 이야기를 하지만 유리와 철강의 사용을 자유롭게 해 준 것은 산업혁명의 큰 성과였죠. 영국이 이렇게 잘난 척하니 라이벌인 프랑스가 여기에 맞서 우리도 무언가를 만들어야겠다는 생각을 합니다.

그런데 프랑스는 왜 이렇게 영국을 의식했던 걸까요?

영국과 프랑스는 단순히 라이벌 의식으로는 설명이 잘 안 되고 당시 나폴레옹 3세가 처해 있던 상황을 좀 이해해야 해요. 나폴레옹 3세^{Napoleon III}는 나폴레옹의 동생과 나폴레옹의 수양딸 사이에서 태어난 조카예요. 나폴레옹 3세는 처음에는 국민의 투표로 대통령 자리에 올랐다가 쿠데타로 또다시 황제에 오른 인물입니다. 아무래도 쿠데타라는 좋지 않은 방법으로 권좌에 오르다 보니 국민의 불만이 많았습니다. 그래서 국민의 생활을 향상시키고 프랑스의 변화된 모습, 발전된 모습을 보여 줘 지지를 얻고 싶었습니다. 그러다 생각난 것이 토목 사업이죠.

나폴레옹 3세는 도시 재개발을 시작합니다. 오스만 남작^{Baron Haussmann}을 총책임자로 임명하는데 이 사람은 오늘날 파리의 모습을 만든 사람입니다. 파리의 도로를 생각하면 가운데 개선문이 있고 그곳을 중심으로 사방으로 뻗어 나가는 넓은 길들이 있죠. 좁고 구불구불했던 파리의 길들을 오스만 남작은 과감하게 밀어내고 변신시킨 거죠.

그렇게 파리 시내에 넓은 방사상 가로망을 만들고 상하수도망을 정비했어요. 도시가 새로운 모습으로 탈바꿈되면서 그 기세를 몰아 만국박람회를 계획합니다. 이러한 큰 행사를 개최해 치적도 쌓고 국민에게 자긍심도 심어 주고 싶었던 거죠. 그렇게 1855년, 세계 온 나라 사람들이 모이는 만국박람회가 개최됩니다.

에펠탑을 만들기 전
에펠은 무엇을 했을까?

에펠은 졸업 후 바로 이 박람회를 관람하게 됩니다. 학교에서 야금술, 기계공학 등을 배운 에펠은 박람회를 쭉 둘러보고 미래는 철과 철도의 시대가 될 것 같다고 생각을 하게 되죠.

당시 프랑스는 영국에 이어 철도가 본격적으로 깔리면서 다리를 만들어야 하는 일이 점점 늘어났어요. 기차가 지나갈 다리를 돌이나 나무를 사용할 수는 없잖아요? 산업혁명을 통해 대량으로 철이 생산되기 시작했으니 철을 사용하여 이 다리를 만들면 되는데 불행하게도 프랑스는 영국에 비해 그런 실력이 많이 뒤떨어져 있었어요. 왜냐하면 프랑스는 나폴레옹 전쟁을 치르고 이후 정치적으로 계속 혼란을 겪으면서 산업혁명이 많이 늦어지게 되었죠. 그러다 보니 과학기술의 발전이 다른 나라에 비해 지체된 상태였

최준영의 교과서 밖 인물 연구소

어요. 새로운 재료인 철을 사용하여 다리를 만드는 일이 시급한 상황에서 어려움을 겪고 있는 것을 안 에펠은 자신이 철로 다리만 잘 놓을 수 있다면 많은 기회가 생기겠다고 생각하지요.

그렇다면 에펠에게는 어떤 재주가 있었을까요?

우리는 보통 새로운 일을 시작할 때에 시행착오를 겪습니다. 일단 뭔가를 해 보고 문제가 생기면 고치고 수정하면서 일을 진행하는 경우가 많죠. 하지만 에펠은 그 당시에 이렇게 작업하는 것을 보고 저런 방식으로 계속 진행을 하면 발전이 없다고 생각합니다. 그는 대학에서 배운 전공을 살려 다리를 만드는 일도 신중하게 미리 계산을 통해서 정확하게 계획을 먼저 세우고 그 이후에 거기에 맞춰서 일사천리로 일을 진행하면 되겠다고 생각합니다. 단지 다리를 놓는 노동자의 감각이나 판단에만 의존하는 것이 아니라 왜 그곳에 구멍을 뚫어야 하는지, 왜 그 재료가 아니고 저 재료를 사용해야 하는지를 미리 과학적으로 계산을 한 후 작업에 들어가야 한다고 말이죠. 결국 이러한 자기만의 방식을 통해 새로운 교량 건설 방법들을 발명하게 됩니다. 에펠은 기존에 있던 기술을 조합해서 새로운 곳에 적용하는 방식이 능숙했고 이 능력을 통해 여러 가지 일을 해냅니다.

철을 이용해 다리를 건설하는 일에 실패하는 일이 많았던 프랑스에서 에펠은 유명 인사가 되었습니다. 이 당시 워낙 다리를 놨다가 실패하는 일이 빈번하니 다리를 만드는 일이 성공하면 신문에 대서특필이 되기도 했어요.

결국 에펠은 프랑스가 겪고 있던 다리 건설에 대한 문제를 해결해 주며 프랑스의 토목 기술 능력을 한 단계 올려 준 인물이 되었습니다.

에펠은 튼튼한 다리를
어떻게 만들었을까?

에펠의 진가는 프랑스뿐만 아니라 포르투갈에서도 빛나게 됩니다.

포르투갈에는 도루Douro라는 강이 있는데 이 강을 가로지르는 철로를 놓으려고 하니 깊이가 너무 깊어 교각, 즉 다리를 받치는 기둥을 놓을 수가 없는 거예요.

총 길이 352미터의 다리를 건설해야 하는데 이게 강에서부터 62미터 높이에 떠 있어야 하고, 중간에 다리를 받쳐 주는 교각 없이 양쪽을 바로 이어야 했어요. 포르투갈 정부에서는 유럽 각 나라에 도움을 요청합니다. 이 다리를 만들 수 있는 사람을 모집하는 거죠. 에펠은 여기에 참여하게 됩니다. 에펠은 미리 정확하게 계산하고 다른 경쟁사들에 비해 3분의 1밖에 안 드는 비용을 제시합니다. 다른 이들은 실패할 경우를 대비해 비용을 여유 있게 잡은 것이고 에펠은 모든 계획을 미리 짜서 실패할 경우의 수를 없앤 것이지요. 그러니 비용은 훨씬 저렴했고 약속한 시기까지 정확하게 맞춰 완공도 끝냈어요.

게다가 에펠이 더 대단했던 것은 남들이 다 무시하고 넘어가던 것들을 다 꼼꼼하게 계산에 포함했다는 겁니다. 그 당시 유럽에서는 우후죽순으로 많은 다리가 만들어졌는데 얼마 안 돼서 다리가 무너지는 일들이 종종 생겨났어요. 그래서 사람들이 도대체 다리가 왜 무너지느냐, 부실 공사를 한 게 아니냐고 의심했죠. 하지만 부실 공사보다도 대부분의 원인은 바람이었어요. 그 당시 사람들은 바람이 무슨 힘이 있겠냐고 생각했지만, 사실은 긴 다리가 만들어지다 보니 바람이 만들어 내는 압력인 풍압을 이겨 내지 못하는 거예요. 그 압력을 계산하지 않고 다리를 짓다 보니 자꾸 무너지는 일이 발생한 거죠. 무조건 크고 더 튼튼하고 무겁게 만들면 풍압을 견딜 것으로 생각하고 만들었지만 그건 잘못된 생각이었어요. 에펠은 공기역학에 관해서 연구하고 정확하게 계산을 통해서 오히려 가볍고 간단한 구조로 다리를 만들었어요. 그러다 보니 공사 기간도 짧고 비용도 저렴하게 만들 수 있었죠.

그리고 이 당시에는 다리가 노동자들의 손과 감각, 기술에 의존해 주먹구구식으로 만들어지는 경우가 많았는데 에펠은 이것이 문제가 있다고 생각했죠. 그들의 컨디션에 따라서 또는 개개인의 능률과 판단에 따라서 공사의 성패가 좌우될 수 있으니까요. 그래서 에펠은 모든 자재를 미리 공장에서 규격에 맞춰서 크기를 정확하게 자르고 위치를 미리 정해 정확한 위치에 구멍도 미리 다 뚫어 놓고 헷갈리지 않게 숫자도 다 써 줍니다. 그럼 현장에서는 차례차례 오는 자재들을 그냥 숫자를 확인하고 끼워 고정만 하면 되는 거예요. 마치 레고 조립하듯이요. 이렇게 체계적으로 다리를 만드는 방법을 개발함으로써 속도도 빠르고 정확하게 만들 수 있었던 거죠.

프랑스가 식민지로 두고 있던 아프리카나 동남아시아에도 다리가 많이 필요하게 되었는데 여기는 큰 다리보다는 조금은 짧고 간단한 다리가 필요했어요. 그래서 조립식으로 교량을 만들어 판매를 하기도 했어요. 현장에서 이걸 갖다가 짜 맞추면 다리가 완성되는 거죠.

우리나라는 집을 짓는다고 하면 기초를 닦고 하나씩 쌓아 올리잖아요. 하지만 유럽이나 미국은 대부분 공장에서 다 만들어서 가지고 와 현장에서는 조립만 합니다. 이러한 방식이 바로 에펠에서부터 시작됐다고 볼 수 있습니다.

최준영의 교과서 밖 인물 연구소

설마 에펠이
자유의 여신상까지?

돈도 많이 벌고 명성도 얻게 된 에펠은 미국에도 영향을 끼칩니다. 미국에서는 다리를 만든 건 아니고 어떤 조형물 제작에 참여하게 되는데요. 이것은 대서양을 건너 미국 뉴욕을 상징하는 큰 존재가 되었습니다. 여러분이 잘 알고 있는 바로 '자유의 여신상'입니다.

이 자유의 여신상을 당연히 미국에서 만들었을 것으로 생각하지만 사실은 그렇지 않습니다. 프랑스 국민이 돈을 모아서 만들어 미국 국민에게 전해 준 선물이에요. 왜 프랑스 국민이 그렇게까지 했을까요? 원래 미국이라는 나라가 만들어진 데는 프랑스의 역할이 매우 컸습니다. 미국독립전쟁은 미국 식민지가 영국으로부터 독립을 선언하고 시작되었는데 영국군이 당장 진압을 시작하면서 패배 직전까지 몰렸어요. 이걸 지켜보고 있던 프랑스는 영국이 이기는 게 못마땅했죠. 결국 전쟁에 개입해 독립군들을 지원해 주기 시작합니다. 그래서 해전을 통해 영국 해군을 몇 번 격파하기도 하고 나중에는 직접 프랑스 장교들이 가서 지휘하기도 해요. 체계적으로 지휘를 하니 결국 영국군과 전투를 벌여 승리하게 되지요. 이런 인연으로 프랑스와 미국은 상당히 끈끈한 관계가 되었고 19

세기에는 프랑스가 미국을 만들어 줬다고 생각하는 사회 분위기였어요.

그런데 1865년, 링컨^{Abraham Lincoln} 대통령이 암살을 당하는 일이 벌어졌습니다. 프랑스 입장에서 봤을 때는 링컨 대통령은 자유라는 가치를 상징하는 존재였는데 그런 존재가 암살을 당했단 말이죠. 그럼 미국이 앞으로 어떻게 될까 걱정하기 시작합니다. 프랑스와 사상을 공유하는 형제 같은 나라라고 생각했는데 미국의 자유와 독립이 위태로워지는 건 아닐지 프랑스의 지식인들 사이에서 걱정되기 시작했죠. 그리고 어떻게 해야 할지 방법을 찾습니다.

그때 조각가였던 프레데리크 오귀스트 바르톨디^{Frédéric Auguste Bartholdi}라는 사람이 제안합니다. "우리 프랑스가 너희 옆에 있으니 우리와 함께 가자."라는 의미로 미국 독립 100주년에 맞춰 자유의 가치를 높이는 선물을 하자고 하죠.

미국이 1776년에 독립을 했으니 1876년이 100주년이 되는 해입니다. 그러니 부지런히 돈을 모아서 이런 의미 있는 것을 만들어 보자며 직접 디자인을 하기 시작합니다. 그리고 47미터 높이의 큰 조각상을 만들어 뉴욕항 입구에 딱 세워 놓으면 좋겠다고 생각을 하는 거죠. 프랑스 시민들이 참 대단한 게 이 자유의 여신상을 제작하는 데 프랑스 정부의 지원은 전혀 없었어요. 철저하게 프랑스 시민 자체적으로 돈을 모아 그 모금으로 비용을 조달해 작업을 시작했던 거죠.

그런데 바르톨디가 야심 차게 디자인은 했는데 47미터나 되는 조각상을 세우는 게 고민이었습니다. 뉴욕 항구에 위치할 이 조각상이 대서양의 강한 바람을 맞으면서 서 있어야 하는데 무너지면 안 되잖아요. 그래서 에펠에게 도움을 요청합니다.

에펠이 가서 보니 자유의 여신상에는 두 가지 문제점이 있었습니다. 일단 크기가 너무 크다는 점 그리고 손에 들고 있는 횃불이 위로 솟아 있어 전체적으로 대칭이 맞지 않는다는 점이에요. 대칭이면 쉬운데 이게 비대칭이면 무너지기가 더 쉽기 때문이죠.

예술 작품을 처음 만드는 것은 예술가의 아이디어로 탄생하지만 그것이 현실로 만들어질 때는 이렇게 엔지니어의 철저한 과학적인 계산이 필요한 거죠. 그래서 에펠은 바닥 기초에서부터 올라가는 철골 구조까지 균형을 잘 잡을 수 있도록 또 미리 계획하고 계산을 합니다.

이 자유의 여신상은 전체적으로 보면 약 300개 정도의 구리판으로 만들어진 작품이에요. 그래서 이 동판들의 무게가 아래로 내려가지 않도록 서로 뼈대에 하나씩 붙이도록 작업을 합니다. 무게가 한쪽으로 쏠리지 않게 하는 거죠. 서로 균형감 있게요. 이러한 방식으로 만들었기 때문에 200톤 무게의 자유의 여신상은 오랜 시간이 지나도 아래로 처지거나 휘는 일이 없었어요.

조각상은 점점 완성되어 가는데 예상치 못한 문제가 하나 있었습니다. 이 조각상을 세울 좌대는 미국에서 비용을 대고 만들기로 했는데 미국에서 돈이 잘 모이지 않았어요. 이 상을 뉴욕에 세우니 필라델피아, 보스턴 등에서는 뉴욕에 세우는 걸 왜 우리가 돈을 내야 하냐고 한 거죠. 이걸 보고 있던 프랑스는 참 답답했습니다. 선물을 준다고 해도 받을 준비가 안 되어 있으니까요.

이 모습을 지켜보던 헝가리 이민자 조지프 퓰리처$^{Joseph\ Pulitzer}$가 나서서 대규모 모금을 주도합니다. 결국 돈을 모아 좌대를 만들었죠. '퓰리처'는 어디서 많이 들어 본 이름 같지 않나요? 맞습니다. '퓰리처상'의 그 퓰리처입니다. 그는 사람들이 즐겁고 재밌게 신문을 볼 수 있도록 신문 대중지라는 분야를 개척한 사람이에요. 당시 최고로 잘 팔리던 신문인 《뉴욕 월드$^{New\ York\ World}$》를 발간하는 신문 간행인이었던 퓰리처는 신문을 이용해 대규모 모금 캠페인을 전개했죠. 그리고 돈을 보내 준 사람들의 이름을 모두 신문에 기록해 주었어요. 학생들이 보내 준 아주 적은 금액도 모두 일일이 게재했답니다. 사람들은 신문에 자기 이름이 있는 게 신기했죠. 그러고는 또 돈을 보내고 그걸 본 사람들도 동참하게 된 거예요. 처음으로 신문을 통해 대규모 모금 캠페인을 하게 된 것이죠.

1886년 10월 28일, 드디어 자유의 여신상은 그 모습을 드러냈고 지금까지도 미국을 상징하고 있습니다.

에펠은 이 자유의 여신상 작업을 통해서 대서양 건너 미국에서도 대중적인 명성을 얻게 됩니다. 단순한 엔지니어를 뛰어넘어 유명 인사가 된 에펠은 이걸 토대로 새로운 도전에 나설 준비를 합니다.

자유의 여신상이 미국 독립 100주년 기념이라고 하면, 프랑스에서도 프랑스혁명 100주년에 맞춰서 뭔가를 한번 해 봐야겠다고 생각을 하게 된 거죠.

프랑스혁명과
벨 에포크 시기

잠깐 프랑스혁명에 관해서 이야기해 볼까요? 보통 세계사 시간에 배운 프랑스혁명은 '자유와 평등을 외친 시민 혁명이다' 정도로 기억을 하고 있을 거예요. 하지만 사실 프랑스혁명은 엄청난 사건이었습니다. 당시 세계에서 가장 부유하고 발전된 나라는 프랑스였거든요. 그런 프랑스라는 나라에서 시민들의 의지로 왕을 몰아내고 공화국이라는 새로운 정치체제를 만든 겁니다. 하지만 언제나 그렇듯이 혁명은 모두가 행복한 결말보다는 힘들고 어려운 시기를 거치게 됩니다.

프랑스혁명은 1789년에 시작되었는데 이후 이웃 나라들과 끊임없이 큰 전쟁을 벌입니다. 우리가 잘 알고 있는 유명한 영웅 나폴레옹도 이때 등장하죠. 1794년, 나폴레옹이 황제에 오르면서 프랑스혁명으로 시작된 공화국은 막을 내립니다. 나폴레옹이 황제에 오른 이후에도 끊임없이 주변 국가들과 전쟁을 벌이다가 1812년, 나폴레옹이 몰락하면서 그 이후에는 다시 부르봉 왕조가 시작되는 거죠. 이후 7월 혁명, 2월 혁명 등을 거치면서 공화국이었다가 다시 왕국이기를 반복하다가 나폴레옹 3세를 마지막으로 프랑스가 확실하게 공화국으로 바뀝니다.

정말 파란만장한 시기를 겪었던 프랑스입니다. 19세기부터 20세기 중반까지도 끊임없이 정치적으로 혼란과 갈등을 겪었는데 에펠이 한참 활동하던 19세기 후반은 1870년 이후로 시작되는 제3공화국 시기였습니다.

이 제3공화국 시기는 '벨 에포크belle époque' 시기에요. 우리말로 하면 '좋은 시대'입니다. 근대 프랑스의 황금기로 꼽히는 시기죠. 그렇다면 왜 '좋은 시대'라고 불렸던 걸까요? 여러 가지 이유가 있겠지만 우선 이 짧은 시기 동안 훌륭하고 유명한 위인들이 정말 많이 탄생합니다. 지중해와 홍해, 인도양을 연결하는 수에즈 운하를 만들었던 레셉스Lesseps, 미생물학의 창시자인 루이 파스퇴르Louis Pasteur, 그리고 영화를 만들던 뤼미에르 형제Les frères Lumière, SF

소설의 원조인 쥘 베른^{Jules Verne} 그리고 음악으로 넘어가 예술 분야는 더 많은 위인이 있어요. 생상, 라벨, 드뷔시, 비제 등 정말 명성을 떨친 음악가들이 줄줄이 탄생했죠. 미술 쪽도 볼까요? 모네, 마네, 드가, 고갱, 르누아르, 마티스 모두 이 시기에 활동한 사람들입니다. 이공계인 수학이나 물리학 쪽으로 보면 르장드르, 푸리에, 라플라스, 이 밖에 지금도 이공계 학생들을 괴롭히는 학문을 만들어 낸 과학자들이 쏟아져 나오던 시기에요. 정말 어마어마하지요.

이 벨 에포크 시기는 1914년, 제1차 세계대전이 일어나기 전까지 이어집니다. 프랑스의 가장 황금 시기라고 이야기되고 있습니다.

어떻게 이 짧은 시기에 수많은 업적을 남긴 다양한 위인들이 탄생했을까요? 여러 가지 이유가 있겠지만 가장 대표적인 이유는 당시 유럽에서는 프랑스가 유일한 공화국이었어요. 공화국은 왕국이 아니므로 신분 제약이 없고 모두가 평등하죠. 그래서 계급을 떠나서 모든 사람이 다양한 형태로 자기들이 원하는 근대 교육을 받을 수 있었던 거죠. 글을 배우고 기술을 배우고 다양한 교육을 받아 자신의 재능을 마음껏 펼칠 기회를 가질 수 있었어요. 그러면서 재능 있는 사람들의 천재성이 자유라는 사회체계와 맞물리면서 폭발적으로 터져 나왔던 시기라고 보면 됩니다. 이 시기에 프랑스는 경제와 문화 양쪽이 급속도로 발전하면서 유럽의 주요 강대국으로 다시 부상하게 됩니다.

세계에서 가장 높은
300미터의 탑을 계획하다

그렇게 프랑스혁명 100주년을 기념할 특별한 것을 고민하던 에펠은 세계에서 가장 높은 탑을 만들어 보겠다는 계획을 세웁니다. 사실 이 구상은 엄밀히 말하면 에펠이 처음 시작한 건 아니고, 그동안 함께 작업했던 부하 직원들이 먼저 자기들끼리 계획을 세워서 에펠에게 보여 준 거죠. 에펠이 그걸 보고 이거 괜찮다 생각하면서 그들이 제안했던 사항을 토대로 구체적으로 탑을 어떻게 만들지 설계를 하게 됩니다.

300미터라는 어마어마한 높이의 탑을 세우겠다는 계획을 세웠지만 많은 사람이 걱정하고 반대를 했어요. 그렇게 높은 탑을 어떻게 세울지, 그리고 세웠다가 갑자기 무너지지는 않을지 염려했던 거죠. 그리고 토목 기술자에 불과한 에펠에 대해 미덥지 못한 것도 있었어요. 이 아름다운 파리 한복판에 예술가가 만든 아름다운 조형물이 아닌 단지 공학적 계산만으로 만들어진 거대한 철탑이 세워진다는 게 탐탁지 않았죠. 그렇게 되면 파리의 아름다움이 사라질 거라고 비판하는 사람들도 있었어요.

그래서 일단 에펠은 자신의 탁월한 계산 능력을 이용해서 자신의 구상이 공학적으로 안전하다고 사람들을 안심시켰어요. 그리

>>>> 에펠탑

고 사람들이 또 걱정했던 비용 문제도 자신만의 제작 공법을 사용하면 큰돈이 들지 않는다는 것을 미리 다 계산하여 알려 주었죠. 그러자 사람들은 그럼 한번 믿고 가 볼까 생각을 하게 됩니다. 그리고 만들어 보고 마음에 들지 않으면 허물면 된다고 생각을 했어요.

에펠탑이 강철로 만들어졌다고 생각하는 사람들이 많은데 엄밀히 말하면 아이언과 스틸로 나뉘어요. 강철인 스틸은 탄력이 있고 튼튼하고 비싸요. 그래서 높은 건물을 지을 때 스틸이 적합할 거라 생각하는데 대신 단점이 있어요. 탄력이 있다 보니 잘 버티긴하지만 바람에 약해요. 300미터의 높은 탑을 스틸로 만들자니 비용도 만만치 않을 것 같고 바람이 불 때 흔들리는 폭이 꽤 클 것 같은 거예요.

그래서 에펠은 일반적인 철인 아이언으로 만들기로 합니다.

그럼 이 아이언으로 만든 에펠탑의 무게는 어느 정도일까요?

7,000톤입니다. 그냥 들으면 가늠이 잘 안 될 건데요. 우리가 흔히 볼 수 있는 1톤 트럭이 있지요. 1톤을 싣는 트럭, 그런 트럭 7,000대에 실리는 무게라고 보면 됩니다.

이 정도로 거대한 탑을 만드는데 아무리 저렴하게 계획했다 해도 비용도 만만치 않았을 텐데요. 에펠이 계산해 보니 650만 프랑 정도가 필요하다고 판단됐어요.

하지만 박람회 주최 측에서는 생각보다 돈이 많이 든다고 판단했죠. 박람회도 준비해야 하고 이것저것 비용이 들어가니 150만 프랑 이상은 안 된다고 합니다. 그럼 500만 프랑이 모자라죠. 그러자 에펠은 나머지 모자란 비용은 자신이 알아서 해결하겠다고 합니다. 그리고 에펠탑 주식회사를 세워요. 그래서 주식을 발행합니다. "나를 믿고 여기에 투자하세요!"하며 주식을 파는데 금방 다 팔아치웠어요. 이렇게 에펠은 모자란 나머지 금액 500만 프랑을 자기의 능력으로 조달해요. 대신 에펠탑에서 나오는 모든 이익은 20년 동안 에펠이 가지고 가기로 계약을 하죠. 에펠로서는 나름의 계산이 서는 장사를 한 거예요. 그런데 왜 20년일까요? 사실 에펠은 이 에펠탑이 이렇게 오랜 시간 동안 세워져 있을 거라고는 생각을 안 했어요. 에펠탑에 투자한 비용을 회수하는 데 20년 정도가 걸릴 거로 생각하고 20년이 지나면 철거한다 생각한 거예요. 그런데 계약은 계속 연장이 되었고 1980년까지 에펠이 만든 회사는 계속 막대한 수익을 독점하게 되었죠.

거대한 에펠탑은
어떻게 만들어졌을까?

이 에펠탑이 위치한 지역은 샹 드 마르스^{Champ de Mars}라고 부르는 지역인데, 과거에는 사관학교가 있던 연병장 지역이고 대혁명 시기에는 사람들을 단두대로 처형하는 장소로 쓰던 약간 좀 외곽 지역이었어요. 역사적으로 보면 몽골피에 형제가 만든 최초로 하늘을 나는 열기구를 띄웠던 지역이기도 해요.

에펠은 이 지역에 가서 가장 먼저 했던 일이 동서남북의 방위를 정확히 맞추고 4개 지점에 기초를 만들었어요. 에펠탑 모습을 보면 다리가 4개예요. 그곳을 기초로 만들어서 7,500미터 정도로 흙을 퍼내고 거기에 시멘트를 채웁니다. 그리고 거대한 돌을 집어넣어서 기초를 만들어 여기에 볼트를 박아 철로 만든 300미터의 탑이 쭉 올라가는 거죠. 이 4개의 기초에서 시작해서 처음에는 54도 정도 각도로 곡선을 그리면서 올라갑니다. 그리고 58미터쯤 첫 번째 단이 있죠. 1단이 있고 거기부터 거의 수직으로 쭉 올라가는 형태예요. 아래는 넓고 위로 올라갈수록 급격하게 좁아지죠. 정말 철두철미하게 계산하지 않고 만들면 무너지기 딱 좋은 모양새입니다. 당시에는 컴퓨터도 없던 시기잖아요. 에펠은 도면 5,500장을 손으로 그립니다. 그리고 18,000개의 부품이 필요하다는 계산이 나옵니다. 이 18,000개의 부품은 막대기입니다. 수많은 막대기를 정확하게 서로 연결해야 하므로 0.1밀리미터 단위로 정확하게 오차 없이 계산하여 리벳으로 미리 구멍을 다 뚫어 놓습니다. 300미터의 수천 톤이 되는 거대한 규모라 대충 만들어도 되겠다 생각할 수도 있지만 0.1밀리미터까지도 잘 계산해야 하는 정말 세심하고 정밀한 작업이었어요.

우리가 보통 토목이라는 분야를 단순하게 생각하기 쉬운데 절대 그렇지 않습니다. 이 토목이라는 분야는 아주 꼼꼼한 계산과 섬세함이 있어야 이런 거대한 구조물들을 만들어 낼 수 있어요.

건축물들이 완공되면 여러 가지 장식 등으로 겉모습을 화려하게 꾸밀 수 있죠. 하지만 토목은 구조 자체가 아름다워야 해요. 그러니까 겉과 속이 잘 맞아야 하는 어려움이 있는 거죠. 그래서 한강에 있는 다리들도 화려하지 않고 단순해 보이는 다리도 있지만 잘 살펴보면 여러 가지 토목의 아름다움을 느낄 수 있는 다리도 있고 팽팽한 힘과 균형이 느껴지는 다리도 있는데 이것이 토목이 주는 매력이에요. 그래서 에펠은 이 두 가지를 동시에 달성한 사람이라고 할 수 있죠. 거대한 규모의 웅장함과 아름다움을 동시에 달성했으니까요.

2년 2개월 만에
에펠탑을 완공하다

에펠이 일단 탑을 만들기 위한 기초와 설계도 끝났으니 작업을 시작해야 하는데 생각처럼 그리 순탄하지만은 않았어요. 가장 큰 문제는 시간이었죠. 만국박람회가 열리는 시기와 맞아야 하므로 마감 기한이 촉박했어요. 그래서 에펠은 나리를 만들 때처럼 레고를 끼워 맞추듯 조립식 재료로 탁탁 맞춰서 올라가는 방식을 채택합니다. 처음 1단, 55미터까지 올라가는 건 시간이 꽤 많이 걸렸어요. 왜냐하면 이 무게를 받칠 수 있는 받침대도 만들어야 하고 처음 시작이라 조금은 조심스럽게 진행할 수밖에 없었죠. 그런데 1단을 올리고 나니 여기를 4개로 네모 형태로 딱 연결을 하면서 구조적으로 안전해집니다. 이후 작업 진행은 매우 빠르게 전개됩니다.

에펠은 설계뿐만 아니라 공사장 관리에도 천재였어요. 1단이 만들어지니 여기에 사람들이 여러 가지 활동을 할 수 있는 면적이 확보됐죠. 그래서 이 공간에 식당 겸 매점을 설치합니다. 왜냐하면 작업하다가 지상까지 내려갔다가 또 올라오려면 시간이 오래 걸리잖아요. 그러니까 일하다가 내려가서 식사하지 않고 그 공간에서 식사하게 하고 대신 식비를 20퍼센트 깎아 줍니다. 그리고 식사 이후 점심시간에만 럼과 브랜디를 한두 잔씩 마실 수 있도록 해 주었죠. 인부들은 저렴한 가격에 맛있는 점심을 먹고 또 술까지 마실 수 있는 여유를 주니 굳이 지상으로 내려갈 생각을 하지 않았죠. 프랑스 사람들은 와인 한두 잔 정도는 음료수로 간주하는 문화였습니다. 그래서 항공모함에서도 미국 조종사들은 맥주를 한 모금도 마시면 안 되지만 프랑스 항공모함에 있는 조종사들은 출격 이전에 와인 한 잔 정도는 마셔도 되는 문화적 차이가 있습니다.

이렇게 빠르게 진행된 에펠탑 공사는 1887년 7월에 시작해 1988년 3월에 1단을 마무리했죠. 여기까지는 시간이 좀 많이 걸린 편이에요. 그런데 넉 달 후인 7월에 2단을 완성하고 그다음 이듬해인 1989년 3월 31일에 완공을 했습니다. 2년 2개월 5일 만에 300미터의 거대한 탑을 완공시킨 거죠. 오늘날의 기술로 만들어도 이렇게 빨리 만들 수 있을까 싶을 정도로 엄청난 속도였어요.

총 소요된 비용은 780만 프랑. 처음 예상했던 비용보다는 조금 초과했죠. 에펠은 지속해서 사람들의 관심을 끌기 위해 에펠탑이 1단, 2단 완성될 때마다 불꽃놀이를 하고 기자들을 초청해서 기사도 쓰게 합니다. 요즘처럼 홍보 작업도 아주 중요시했죠. 사람들의 관심을 유도하고 활용하는 데 상당히 능숙한 사람이었습니다. 자신이 가지고 있는 영향력을 어디까지 행사할 수 있는지 잘 아는 사람이었던 거죠.

그럼 이 높은 에펠탑에 사람들은 어떻게 올라갔을까요? 처음에는 당연히 걸어서 올라갈 수밖에 없었죠. 완공 이후 엘리베이터를 설치하려고 했는데 에펠은 탑을 만들 때보다 엘리베이터를 넣는 게 더 힘들었다고 해요. 엘리베이터를 만드는 데 필요한 제품이 프랑스에는 없어서 미국 오티스라는 회사에서 만든 제품을 사용해야 했는데 이 오티스사가 굉장히 까다롭게 굴었다고 합니다. 에펠탑에서 엘리베이터를 타게 되면 OTIS라고 적혀 있는 걸 발견할 수 있어요. 오티스라는 회사는 지금도 있는 회사예요. 참고로 이 오티스는 처음으로 추락하지 않는 엘리베이터, 안전장치가 설치된 엘리베이터를 만든 엘리샤 오티스Elisha Otis의 이름입니다. 미국의 발명가죠. 오늘날 우리나라에서도 오티스의 제품들이 많이 설치되고 있어요. 오티스가 엘리베이터를 만들지 않았다면 오늘날 고층 건물을 오르내리는 일은 불가능했을지도 몰라요.

1889년 5월 15일 11시 50분, 드디어 에펠탑이 일반인에게 공개되었습니다. 에펠은 1단이 있는 넓은 공간에 《르 피가로Le Figaro》라는 신문사 특별 사무실을 설치해 만국박람회와 에펠탑에 관련된 뉴스를 매일 찍어 냅니다. 에펠탑에 관련된 여러 가지 다양한 소식을 끊임없이 전하면서 사람들의 관심과 흥미를 유발했죠. 그 결과 에펠탑 방문객의 수는 어마어마했습니다. 집계를 해 보니 박람회 기간 7개월 동안 매일 12,000명 정도씩 방문을 했어요. 에펠탑을 구경하려면 입장료도 내야 하고 위에 올라가면 클럽도 있고 식당도 있으니 사람들은 거기서 또 돈을 소비해야 했죠. 이 모든 수입이 에펠의 회사 수입으로 들어왔어요. 그래서 총 수익금이 650만 프랑에 달합니다. 전체 건축비가 780만 프랑이었으니 그 비용보다는 모자라지만 그 이후에도 사람들이 끊임없이 찾아오니 결국 에펠탑을 통해서 에펠은 막대한 이익을 얻게 되었어요.

사기꾼으로 내몰리게 된
에펠

에펠은 정말 진정한 능력자였죠. 돈도 많이 벌고 유명해졌으니 이제 행복한 인생만 펼쳐질 것 같았지만 꼭 그렇지만은 않았어요.

그 당시 프랑스에서 에펠보다 더 유명한 사람이 있었는데 수에즈 운하를 만든 페르디낭 드 레셉스^{Ferdinand Marie de Lesseps}였습니다. 모두가 불가능할 거로 생각했던 수에즈 운하를 만든 사람이기 때문에 당시 프랑스의 영웅이었죠. 레셉스는 더 나아가 파나마 운하도 만들 계획을 세웁니다. 이미 수에즈 운하에 성공했으니 사람들은 당연히 레셉스가 만든 회사에 막대한 돈을 투자합니다. 회사채도 사고 주식도 사고요.

그런데 에펠이 레셉스를 만나 설명을 듣다 보니 문제가 있다는 생각이 듭니다. 왜냐하면 파나마 운하와 수에즈 운하는 지형이 다른데 레셉스는 수에즈 운하를 만드는 방식을 똑같이 적용하려고 하는 거예요. 에펠은 지형의 차이를 설명하며 그 방식을 사용하면 안 되고 여러 개의 수문도 필요하고 중간에 호수도 있어야 하고 설치할 게 많다고 설명하지만 레셉스는 그럼 공사비가 너무 많이 든다며 에펠의 제안을 거부합니다. 레셉스는 공사를 그대로 강행해요. 하지만 역시나 에펠의 예상대로 공사는 제대로 진행되지 않죠. 결국 레셉스는 에펠을 찾아가 자신의 잘못을 사과하며 도와달라고 부탁합니다.

에펠은 대규모 수문 제작 설치를 맡아서 파나마 운하 공사에 참여하게 됩니다. 하지만 진행이 순탄하지 않았어요. 공사 기간이 원래 예정보다 계속 늦어졌습니다. 돈은 계속 들어가는데 완공은 계속 늦어지다 보니 회사는 결국 파산하고 맙니다.

프랑스 사회에서 이 사건은 어마어마하게 큰 이슈였어요. 원래 계획했던 대로 되지 않았으니 그냥 서로 손해 보고 끝나면 되는 것 아닌가 생각할 수도 있지만 그렇게 간단하게 끝나지 않았죠. '이게 사기냐 아니냐, 처음부터 만들지 못할 것을 계획해 놓고 큰 돈을 모은 게 아니냐, 그 많은 돈은 다 어디로 갔느냐, 혹시 정치권으로 돈이 들어간 건 아니냐.' 이러한 소문들이 일파만파 퍼져나갔어요. 그러다 보니 경찰과 검찰이 수사에 나섰고 결국 레셉스와 에펠은 사기, 배임 혐의들로 수사를 받게 돼요.

에펠 입장에서 봤을 때 자신은 레셉스가 도와 달라고 해서 도와줬을 뿐이라고 했지만 당시 여론은 "이 유명한 사람들이 개미들의 돈을 털어 간 게 아니냐, 이건 명백한 사기 사건이다."라고 여겼죠. 결국 재판 끝에 벌금형에 처했다가 나중에 무죄로 되긴 했습니다만 사실 에펠은 마음에 상처를 많이 받았어요. 본인은 좋은 마음으로 도와주려고 했을 뿐인데 갑자기 만인의 사기꾼으로 내몰리는 상황이 되었으니까요.

에펠은 자신의 체면을 다시 만회하고 싶었어요. 그래서 파리 시내를 잇는 지하철, 영국을 연결하는 해저터널 이런 것들을 구상하기 시작하죠. 하지만 사람들은 이제 에펠을 믿고 선뜻 투자하지 않았어요.

당시에 라이트 형제가 비행기를 날리고 하니 에펠도 비행기 제작을 해 보려고 했죠. 그래서 풍동*을 만들어서 비행기를 만드는 데 여러 가지 제안도 하고 도움을 주기도 했지만 다리나 에펠탑을 만드는 것처럼 탁월한 성과를 내지는 못했어요.

---

* 인공으로 기류를 일으키는 터널형 모양의 장치로 비행기, 자동차 등에 공기의 흐름이 미치는 영향이나 작용을 실험하는 데 사용.

오늘날까지 세계인의
사랑을 받는 에펠탑

에펠탑 자체는 공학적 성취이지만 다른 한편으로 보면 프랑스가 분열되거나 갈등이 있을 때 이 에펠탑을 통해 애국적 감성을 끌어올리면서 하나로 단합시키는 목적을 위해서 추진된 면도 있었답니다.

그렇다면 에펠탑은 지금은 누구의 소유일까요? 에펠의 후손들에게 있을까요?

1980년, 소유권은 파리시로 넘어왔습니다. 오랜 시간이 지난 에펠탑은 점점 노후화되어 여러 가지 안전성에 문제가 있다고 판단되어 파리시가 인수한 다음 대규모 공사를 해요. 그리고 오늘날까지 파리를 대표하는 건축물로 자리 잡고 있죠.

혹시 프랑스를 갈 일이 있다면 에펠탑을 보고 올 텐데요. 가서 되면 에펠탑의 위쪽에 에펠이 썼던 공간이 있어요. 외부인들을 접대하고 에펠탑을 소개하던 곳입니다. 지금은 에펠의 밀랍 인형을 두고 당시 상황을 재현해 놓았어요. 이제 에펠의 이야기를 알았으니 그 에펠을 더 반갑게 만나 볼 수 있을 거예요.

우리가 여행으로 인해 많은 것을 배운다고 하지만 그냥 무작정 떠나면 사실 얻는 게 별로 없습니다. 가기 전에 조금이라도 그곳

최준영의 교과서 밖 인물 연구소

의 정보와 이야기들을 접하고 간다면 훨씬 많은 것들이 눈에 들어오고 재미있게 다가올 거예요.

에펠탑을 두고 "높은 탑이네. 유명한 곳이니 사진 찍어야지." 하고 사진만 남기고 뒤돌아서지 말고, 보면서 에펠의 뛰어난 공학 기술도 떠올려 주고, 프랑스의 '빌 에포크' 시대의 인류의 도약 그리고 진보도 한번 생각해 보면 좋을 것 같습니다.

02

노예로 태어나
세상을 바꾼 땅콩맨

조지 워싱턴 카버

George Washington Carver (1864?~1943)

인종차별에 좌절하지 않고 자신의 능력을 보여 주고 그 능력으로
사회를 이끌어 나간 조지 워싱턴 카버를 아시나요? 미국의 유명한
초대 대통령을 떠올리게 하는 이름이지만 미국의 과학자이자 농학
자입니다. 우리나라에는 잘 알려지지 않았지만 미국에서는 "땅콩
맨", 즉 "피넛맨^{Peanut Man}"으로 잘 알려진 무척 유명한 사람이에요.

　땅콩맨의 '땅콩'은 우리가 오늘날 간식으로 즐겨 먹는 그 땅콩
이 맞습니다. 땅콩은 영양이 무척 풍부하고 키우기도 쉬워서 생산
량이 많은 작물이었어요. 게다가 땅콩은 자기가 자란 땅을 기름지
게 만들어 줍니다. 그래서 중국의 인구 증가는 청나라 때 땅콩 재
배가 증가하면서부터 폭발적으로 일어났다고 해요.

카버는 땅콩을 이용해서 미국 농민들이 겪고 있던 어려움을 해결해 주고 더 많은 소득을 올릴 수 있도록 했어요. 미국 농업경제의 판도를 바꿔 놨다고 평가를 받는 사람입니다.

파란만장했던
조지 카버의 어린 시절

카버는 언제 태어났는지 정확히 몰라요. 대략 1860년에서 1864년 정도로 추측하고 있어요. 태어난 날을 정확히 알지 못하는 이유는 부모님이 두 분 다 노예였기 때문이에요. 노예의 자식으로 태어나 출생 기록 같은 건 없었어요.

카버는 어릴 적부터 인생이 참으로 파란만장했습니다. 태어나자마자 카버와 부모님이 모두 노예 매매단에 납치된 거예요. 그 당시에는 흑인 노예들을 마치 물건처럼 취급해서 사고팔고 할 수 있었어요. 그래서 누군가가 훔쳐 가서 돈을 받고 다른 곳에 팔려고 납치를 했던 거죠.

노예 주인이었던 독일계 이민자 모지스 카버^{Moses Carver}는 빼앗긴 노예를 다시 찾으려고 사람을 샀으나 조지 카버만 찾고 부모님과 다른 식구들은 찾지 못했어요. 그래서 모지스 카버는 조지 카버만 데리고 와서 친자식처럼 대하며 공부도 열심히 시켰어요. 조지 카버라는 이름도 모지스 카버가 자신의 성을 쓰도록 해서 조지 카버가 된 거죠. 우리가 보통 노예라고 하면 착취와 학대가 떠오르지만 사람과 사람의 관계는 생각보다 무척 다양합니다. 이처럼 불평등 관계에서도 끈끈한 애정 관계가 성립될 수도 있고 서로 존중하는 관계가 될 수도 있어요.

조지 카버는 어릴 때 충격을 많이 받아서인지 몸이 무척 약했습니다. 그래서 도저히 농장 일을 시킬 수가 없어서 모지스 카버의 부인인 수잔을 도와 집안일을 하게 했어요. 그는 정원을 가꾸고 식물 표본 등을 만들며 어린 시절을 조금 편안하게 보냈어요. 조지 카버는 호기심도 많고 영리한 아이였지만 학교에는 갈 수가 없었어요. 가까운 곳에 있는 공립학교에서는 흑인을 받아 주지 않았기 때문이죠. 그 당시에는 흑인과 백인의 인종차별이 굉장히 심했기에 분리가 확실했어요. 미국에서 이 문제가 해결된 것은 거의 1960년대로 불과 60년 전까지만 해도 흑인 인종차별은 엄청났어요.

흑인 아이들을 위한 학교는 16킬로미터 정도 떨어진 곳에 있었어요. 조지 카버는 이 먼 거리를 걸어 다니면서 초등학교, 중학교, 고등학교까지 졸업했어요. 사실 당시에는 고등학교를 졸업하는 흑인 자체가 매우 드물었다고 해요. 그래서 주변에서는 이제 배울 만큼 배우지 않았느냐 했지만 조지 카버는 공부가 재밌었는지 대학 진학까지 결심합니다.

조지 카버는 하이랜드 장로교 대학^{Highland Presbyterian College}이라는 곳에 지원해요. 서류 전형에서 높은 점수로 합격한 그는 전액 장학금까지 받기로 합니다. 하지만 입학식 날 흑인인 것을 알고 입학은 취소되었어요. 이 대학은 백인만을 위한 대학이라는 게 이유였죠.

하지만 조지 카버는 여기서 포기하지 않았어요. 여기저기 원서를 넣으며 또 다른 대학들의 문을 두드립니다. 그러던 중 땅을 조금 얻어서 자기만의 연구 시설도 만들었어요. 과수원에 쌀이나 옥수수, 과실나무 등을 심어서 자신만의 식물 실험도 진행했어요.

흑인의 신분으로
대학에 입학하다

조지 카버는 재주가 참 많았는데 그림도 무척 잘 그렸어요. 그는 자신의 그림 재능을 이용해서 1888년, 아이오와주에 있는 감리교회에서 운영하는 심프슨 칼리지^{Simpson College}에서 드디어 첫 번째 흑인 입학생이 됩니다. 조지 카버를 지도하던 에타 버드^{Etta Budd}라는 강사는 그의 그림을 보고 그냥 넘어가지 않았어요. 조지 카버는 꽃과 식물의 그림에서 아주 세밀하게 정밀한 부분까지 잘 그렸는데 그런 그의 관심을 알아채고 농과 대학을 진학해서 식물을 제대로 공부해 보라고 격려하죠.

인생에서 좋은 부모님을 만나는 것도 복이지만 이렇게 좋은 선생님, 좋은 지도자를 만나는 것도 정말 큰 행운인 거죠. 왜냐하면 부모님은 미처 알아채지 못하는 것을 선생님들은 좀 더 전문적인 시각으로 재능을 발견할 수 있거든요. 하지만 조지 카버는 선뜻 결정하지 못해요. '내가 여기로 가는 게 맞을까?'라고 고민하다가 결국 농학자가 되어서 흑인들의 복지를 향상하는 데 공헌하겠다는 생각으로 아이오와 주립 대학 식물학과에 입학합니다. 여기서도 그는 첫 번째 흑인 학생이에요.

조지 카버는 어릴 적부터 식물 표본도 만들고 식물 키우는 걸 좋아했기 때문에 교수님들의 눈에 금방 띄었어요. 물론 피부색도 눈에 띄었지만 그만의 능력을 높이 샀죠. 결국 교수님들의 권유로 조지 카버는 대학원까지 진학하게 됩니다. 대학원에 진학한 카버는 식물의 질병을 치료하는 데 집중했어요.

효율적인 농사 방법으로
땅콩을 이용하다

당시 미국 농업은 무척 큰 위기 상황에 놓여 있었습니다. 우리가 미국 농업이라고 하면 끝없이 펼쳐진 드넓은 농장과 풍요로움이 떠오르죠. 처음에는 나무를 베어 내고 거기에 곡식을 심으니 곡식들이 잘 자랐어요. 하지만 100여 년의 시간이 흐르다 보니 땅에 영양소가 없어지면서 식물도 잘 자라지 않고 병충해도 많아져 농민들이 점점 어려운 상황이 되었어요.

그래서 농민들은 이 병을 낫게 하려면 무슨 약을 써야 하는지 고민했는데 조지 카버는 약을 쓰는 게 아니라 근본적으로 식물들이 튼튼해지면 이런 일이 발생하지 않을 거라고 말해요. 그래서 우선 토양을 건강하게 만들어야 한다고 했어요.

토양에는 여러 가지 성분의 영양분들이 있는데 그중에 제일 중요한 성분이 질소입니다. 공기 중의 70퍼센트가 질소이지만 땅에는 질소가 부족한 경우가 많아요. 식물들이 공기 중에 있는 질소를 우리 사람들처럼 마시면 좋은데 그렇게는 못하고 땅속에 있는 질소 성분만을 섭취해야 하므로 쉽지가 않은 거죠.

하지만 콩 같은 경우는 공기 중의 질소를 바로 소화하는 능력이 있어요. 그러다 보니 아무 데나 심어 놓아도 아주 잘 자랍니다. 조지 카버는 그런 콩의 능력에 주목하기 시작합니다. 다른 작물들은 자라면서 땅속의 영양소를 모두 가지고 가 버려 땅에는 다음에 심게 될 작물을 건강하게 자라게 할 힘이 남아 있지 않아요.

하지만 콩을 심으면 스스로 알아서 대기 중의 질소를 빨아들여

땅에 다시 넣어 주기 때문에, 땅에 먼저 콩을 심고 그다음에 다른 작물을 심으니 훨씬 더 잘 자랐어요. 정말 간단한 방법이었죠. 콩 심고 다른 작물 심고, 콩 심고 다른 작물을 심고! 이 방법은 금방 소문이 나면서 조지 카버는 유명 인사가 되었어요.

좀 더 많은 농민에게
도움을 주고픈 조지 카버

1896년, 대학원을 졸업하자마자 많은 곳에서 취업 제의가 들어옵니다. 조지 카버를 스카우트한 곳은 앨라배마주에 있는 터스키기^{Tuskegee} 일반산업 연구소였어요. 이곳은 흑인들에게 농업기술과 수공업 기술을 가르쳐서 노예 생활에서 벗어나 경제적 자립을 할 수 있도록 교육을 하는 곳이었죠. 흑인들이 자신의 능력으로 먹고 살 만큼의 돈을 벌지 못하면 어쩔 수 없이 다시 노예가 될 수밖에 없으니까요.

조지 카버는 이곳에서 자리를 잡고 이후 47년 동안 쭉 교육과 연구 활동을 펼쳐요. 그는 학생들을 가르치고 연구하는 데 전념을 하다 보니 집이 없어서 이곳 기숙사에서 평생을 보냈습니다. 결혼도 하지 않고 평생 독신으로 살았어요.

조지 카버의 이름 가운데 워싱턴이 들어가죠? 이 이름이 탄생한 데는 터스키기 연구소에 그 이유가 있습니다. 바로 터스키기 연구소는 부커 T. 워싱턴Booker T. Wasgington이라는 사람이 만든 곳이었어요. 흑인들이 실력을 키워야 한다는 생각으로 이런 연구소를 만들었는데 조지 카버는 이분을 무척 존경했기 때문에 이분의 성을 자기 미들네임으로 쓰기 시작한 거죠. 그래서 조지 카버의 이름이 이때부터 조지 워싱턴 카버로 불리기 시작했어요.

이제 석사 학위도 받았고 안정된 직장도 있으니 조지 카버는 본격적으로 일을 시작합니다. 그가 미국 농업의 현황을 쭉 살펴보니 여러 가지 해야 할 일들이 무척 많이 보였어요. 우선 토양이 척박해진다는 것을 가장 큰 문제로 판단했어요. 그 당시 미국 남부에서는 목화를 많이 재배했는데 이유는 이 목화가 돈이 많이 됐어요. 영국이라든지 다른 나라에 제일 많이 팔리는 게 목화였거든요.

그런데 목화만 계속 재배하다 보니 땅에는 점점 영양소가 없어져서 나중에는 토양이 모두 척박해졌어요. 조지 카버가 일하고 있던 앨라배마주 역시 이러한 문제로 고민하고 있었습니다. 요즘 같으면 화학비료를 사서 적당히 뿌려 주면 해결될 문제지만 그 당시에는 그런 게 없었기 때문에 대책을 강구했어야 했어요.

조지 카버는 대학원 때 연구했던 것을 토대로 땅콩과 콩을 번갈아 가면서 농사를 짓는 방법을 다시 생각합니다. 흔히 말하는 순환 재배예요.

최준영의 교과서 밖 인물 연구소

중세 유럽 농법에도 이와 비슷한 사례가 나옵니다. 옛날 유럽에서도 이런 문제를 겪었기 때문에 토지를 3개로 나누고 이 가운데 2곳에서는 농사를 짓고 나머지 1곳은 농사를 짓지 않고 내버려두어 땅심*을 회복하도록 했습니다. 그렇지만 이렇게 하면 언제나 전체 토지의 1/3이 놀고 있어야 하니 생산성이 떨어지죠.

조지 카버는 목화를 재배하기 이전에 땅심을 돋우는 능력이 있는 콩과科 식물을 먼저 재배하도록 했습니다. 콩과 식물은 토양에 질소 성분을 보충해 주는 능력이 있거든요. 콩을 심은 다음에는 고구마를 심고, 그 이후에 목화를 재배하면 목화 생산량이 엄청나게 늘어난다는 것을 보여 주었습니다.

조지 카버는 이 발견에 무척 자부심을 느끼고 농민들이 이제 농사를 잘 짓겠지 생각했는데 이 정보가 농민들에게 잘 알려지지를 않아요. 각종 박람회나 엑스포 등을 통해서 이러한 방식을 홍보했지만 정작 농민들은 거기까지 올 시간과 돈이 없었던 거죠. 농민들이 가난해서 오지 못한다는 사실을 알게 된 조지 카버는 직접 찾아가는 서비스를 생각해 냅니다. 그래서 이동 가능한 학교를 만들어서 농민들에게 찾아가야겠다고 생각을 해요. 1906년, 조지 카

---

* 농작물을 길러 낼 수 있는 땅의 힘

버는 이동식 교실이자 실험실 역할을 하는 '재섭 농업용 마차^{Jessup} Agricultural Wagon'를 개발해서 농민들을 돕고 홍보도 하며 여러 가지 활동을 했는데 '재섭'이라는 이름은 이 마차 개발을 지원해 준 뉴욕 은행가 모리스 재섭^{Morris Jessup}의 이름을 딴 것입니다.

이처럼 조지 카버는 실험실에 앉아 연구만 하는 사람이 아니라 실제로 나서서 지식을 보급하고 또 그 과정에서 문제의 원인도 파악하는 행동하는 농학자였죠.

넘쳐 나는 땅콩의
효율적인 활용

하지만 땅콩을 계속 열심히 심다 보니까 다른 문제가 생깁니다. 땅콩이 필요 이상으로 너무 많이 생산되는 거예요. 땅콩은 생산량도 많고 일손이 많이 필요 없기 때문에 심어 놓으면 엄청난 양이 생산될 수 있어요. 우리가 보통 생각하기에 많이 생산되면 많이 먹으면 되지 않나 생각할 수 있지만 미국이라는 나라가 워낙 크다 보니 한번 쏟아져 나오기 시작하면 사람들이 먹어 치워서 해결할 양이 아니었던 거죠. 그래서 조지 카버는 이 땅콩을 그냥 먹어서는 소비할 수가 없을 것 같고 어떻게 활용하여 먹을 수 있을지 고민하기 시작했습니다.

사실 이러한 고민은 오늘날 대한민국에서도 우리 농업 발전을 위해서 필요한데 사실 아직 잘 못 하고 있습니다. 땅에서 뭘 키워서 농작물을 생산한다고 하면 전부 사람 입으로 들어가는 것만 생각해요. 그런데 잘 생각해 보면 농작물이라는 것들은 어떻게 보면 각종 공산품의 원료 또는 소재로 활용될 수 있는 그런 재료들이에요. 그래서 공장에서 이런 농산물을 많이 필요로 하면 안정된 수요가 확보되는 거죠. 그러면 이렇게 많은 양을 생산하는 것에 대한 걱정이 없어지게 되고요. 이를테면 올해는 사람들이 감자를 좋아해서 감자를 많이 키우는데, 사람들이 "아, 작년에 감자를 너무 많이 먹었어. 이제 지겨워." 이러면 좀 곤란하잖아요? 하지만 공장에서는 꾸준히 일정한 양을 필요로 합니다. 그러니까 자연스럽게 농작물 생산도 안정화되고 품질도 균일해지는 거죠. 품질이 균일해야 공장에서 사용할 수 있어요.

　기름진 땅콩은 생각해 보면 여러 가지로 활용할 방향이 참 많았어요. 조지 카버는 발명가로 변신을 합니다. 그래서 식초, 염료, 합성고무, 페인트, 로프, 잉크, 우유, 식용유, 종이, 화장품 등을 만드는 원료로 땅콩을 사용하는 방법을 개발하기 시작해요. 땅콩만 넘치는 게 아니고 고구마도 많았기 때문에 고구마의 활용도 같이 연구하죠.

　이런 방법으로 연구를 하다 보니 어느 순간 300개 이상의 제품에 땅콩을 사용하는 방법을 알게 됐던 거죠. 고구마는 120개 정도의 제품을 만들어 냈어요.

이런 과정을 통해서 그는 땅콩 과잉 생산 문제를 해결했어요. 보통 생산이 많이 되면 생산량을 줄일 방법을 생각하는데 조지 카버는 그게 아니었죠. 수확량이 많으니 이걸 잘 사용하여 새로운 발명품을 만들어 사람들이 쓰면 창고에 쌓여 있는 땅콩들은 다 팔려나갈 거고 그러면 또 추가적인 이익을 얻을 수 있겠다 생각한 거죠.

그렇게 조지 카버는 땅콩의 아버지로 유명세를 치르다 보니 땅콩버터도 조지 카버가 만들었다고 생각하는 미국 사람들이 많아요. 하지만 땅콩버터는 1895년, 존 하비 켈로그John Harvey Kellogg라는 사람이 이 땅콩버터 특허를 출원한 기록이 있습니다(우리가 생각하는 콘플레이크로 유명한 그 켈로그가 맞습니다). 그래서 땅콩버터는 1904년 세인트루이스 박람회에서 미국 전역에 알려집니다. 사람들이 먹어 보고 좋아하게 된 거죠. 그래서 1910년쯤에는 매년 1억 6천만 파운드에 이르는 어마어마한 양의 땅콩버터가 생산되었어요.

조지 카버는 1915년, 『땅콩을 재배하는 방법과 식용을 위한 105가지 방법』이라는 책을 펴내면서 땅콩을 소모, 소비할 수 있는 여러 가지 방법들을 사람들에게 소개해 줍니다. 그러면서 땅콩맨, 피넛맨이라는 명성을 얻게 되는데 그러다 보니 사람들이 식탁 위의

최준영의 교과서 밖 인물 연구소

땅콩버터만 봐도 조지 카버를 떠올린 거죠.

조지 카버,
전 세계의 영향력 있는 사람들을 만나다

조지 카버는 이런 식으로 점차 명성을 떨치다가 20세기 초반 드디어 미국 정부의 고문*이 되었어요. 당시 미국 대통령은 시어도어 루스벨트 대통령이었는데 인종 문제를 해결하고자 주변에 함께 일할 사람을 찾아보았지만 모두 백인이었어요. 그러다가 흑인 학자였던 조지 카버가 눈에 들어왔던 거죠. 그래서 백악관에 초청해 같이 식사도 하고 이야기를 나누며 농업과 관련된 조언도 듣고 했어요.

조지 카버의 영향력은 점점 커져서 1920년대에 들어서는 미국 의회에도 진출합니다.

1920년쯤 미국은 중국으로부터의 땅콩 수입이 증가하고 있었어요. 미국도 땅콩 생산이 많았지만 중국산 땅콩이 워낙 대량으로 저렴하게 수입되어서 국가적인 차원에서 이것을 막기 위해서는

---

* 특정 분야에 대한 전문적인 지식과 풍부한 경험을 갖추고서 자문에 대해 의견을 제시하는 역할을 하는 사람

적절한 관세를 부과해야 했는데 미국 의회에서는 이런 문제에 별로 관심이 없었다고 해요.

그래서 조지 카버는 미국땅콩협회와 힘을 합쳐요. 1921년, 그는 미국 의회 하원의 세입위원회라는 곳에 출석하는데, 이곳은 관세 부과와 관련된 일을 하는 곳입니다. 그리고 거기서 말로만 설명하는 게 아니라 테이블 위에 땅콩으로 만든 염료, 우유, 분말 등 이런 제품들을 늘어놓았어요. 그리고 이야기하죠. 미국산 땅콩으로 이렇게 많은 제품을 만들어서 농민들이 이익을 얻고 있는데 지금 외국에서 저렴하게 수입되는 땅콩으로 인해 그 농민들이 얼마나 힘들어졌는지 아느냐? 그렇게 사람들이 별 관심 없던 주제였지만 조지 카버의 뛰어난 프레젠테이션과 설득 능력으로 이목을 집중시킵니다. 의원들은 조지 카버의 설명에 동감하면서 관세를 부과하는 것에 결의하게 되고 미국 땅콩 농업의 기반을 유지할 수 있게 되었습니다.

이때까지만 하더라도 흑인에 대한 인종차별이 강하던 미국에서 흑인인 조지 카버는 탁월한 능력으로 점점 많은 사람에게 알려지기 시작해요. 하지만 그는 유명세에 자만하지 않고 자기보다 더 뛰어나고 저명한 사람들을 만나면서 여러 가지 일을 합니다. 그중 한 명이 헨리 포드^{Henry Ford}예요. 지금의 포드 자동차, 미국의 컨베이어 벨트를 만든 유명한 사람이죠. 헨리 포드는 1920년대 조지 카버가 땅콩 하나로 여러 가지 제품들을 마술처럼 만들어 내는 것을 보고 그에게 조언을 구했어요. 그 첫 번째가 "과연 땅콩에서 짜낸 기름으로 자동차를 굴릴 수 있을까?" 하는 것이었습니다. 즉 오늘날 바이오 연료인 거죠. 왜냐하면 당시 미국에서는 자동차가 폭발적으로 늘어나기 시작했어요. 헨리 포드는 많은 돈을 벌기 시작했는데 한편으로는 걱정이 되었어요. 땅에서 캐낸 석유로 이 차들을 다 돌릴 수 있을지 의문이 들었던 거죠.

차를 많이 팔기 위해서는 연료도 풍부해야 하는데 그러기 위해선 다른 연료가 필요했어요. 그래서 땅콩에서 기름을 짜내면 혹시 자동차 연료가 되지 않을까 생각한 거죠. 그래서 땅콩 전문가인 조지 카버에게 연락하게 된 것입니다.

포드는 자신을 기업 경영자가 아니라 엔지니어라고 생각하던 사람이에요. 그래서 회사에만 앉아 있는 게 아니라 무조건 가서 눈으로 보고 확인을 해야 믿는 사람이었어요. 그래서 조지 카버의 연구실을 직접 방문합니다. 조지 카버와 이야기를 나눈 포드는 그의 능력과 성실함에 놀라게 돼요. 그래서 조지 카버의 연구에 관해 지원하게 됩니다. 헨리 포드의 지원을 받게 된 조지 카버는 여러 가지 연구를 하다가 1940년대 새로운 발명품을 만들어 내요.

1940년대 초반이면 미국은 제2차 세계대전에 참전해 한창 전투를 치르고 있을 때였어요. 이 때문에 막대한 전쟁 물자가 필요한 시기였어요. 미국은 이런 엄청난 물자를 생산하는 국가였는데 한 가지가 부족해서 고생하고 있었어요. 바로 고무입니다. 고무는 당시 동남아시아, 지금의 태국이나 인도네시아, 말레이시아 지역의 고무나무에서 홈을 내어 거기서 천연으로 얻어지는 것을 이용해 여러 가지 물건을 만들고 있었어요. 하지만 이 지역들을 일본이 점령하고 있으니까 고무를 구할 수가 없는 거예요. 고무는 자동차의 각종 오일이 새지 않도록 하는 부품에도 들어가고, 당시 군인들이 필요했던 우비에도 고무 코팅이 필요했죠.

그래서 조지 카버와 포드는 "꼭 고무나무에서 고무가 나올까?" 하는 의문을 품고 여러 가지 실험을 하기 시작했어요. 그러던 중 1942년 7월에 '골든 로즈'라는 풀, 우리말로 하면 양미역취를 가지고 고무하고 비슷한 물질을 생산하는 데 성공을 합니다.

또 한편으로 포드는 조지 카버의 아이디어를 이용해 콩에서 뽑아낸 재료로 가벼운 자동차 차체를 만드는 데도 투자를 합니다.

이처럼 조지 카버와 포드가 서로 상부상조하며 많은 일을 하니 둘의 호흡이 잘 맞아 보이지만 비슷한 성향의 사람은 아니었어요. 조지 카버는 굉장히 사교성이 좋고 누구에게나 호감을 받는 스타일인 데 비해서 헨리 포드는 괴팍하고 호불호가 분명해서 싫은 일에는 싫은 티를 팍팍 냈죠. 하지만 포드는 조지 카버에게는 항상 진심으로 대했다고 합니다. 조지 카버가 나이가 들어 계단을 오르내리기가 힘들다고 하니 단번에 엘리베이터를 설치해 주겠다고 했답니다.

우리가 잘 알고 있는 발명가 에디슨도 조지 카버를 좋아했어요. 그래서 1916년에 조지 카버를 자신의 연구소에 스카우트하려고 했으나 실패했죠.

1929년부터는 인도의 마하트마 간디$^{Mahatma\ Gandhi}$와도 교류하기 시작합니다. 오늘날 사진으로 남아 있는 간디의 모습을 보면 무척 호리호리한 체형이에요. 그는 사실 채식주의자였어요. 간디의 자서전을 보면 본인이 채식주의자로 넘어가는 이야기가 실감 나게 쓰여 있는데 당시 영국 정부와 싸우다 보니 잦은 단식 투쟁을 했던 거죠. 그러자 몸이 약해지는 게 스스로 느껴졌어요. 그렇다고 고기를 먹을 수는 없어 어떻게 하면 좋을까 고민하던 끝에 조지 카버에게 도움을 요청하기로 합니다. 조지 카버는 간디에게 콩을 추천했고 그러면서 아직 제대로 농사도 못 짓고 빈곤과 기아에 허덕이는 전 세계의 수많은 사람을 생각합니다. 그리고 이걸 어떻게 해결해야 할지 또다시 고민하면서, 인도를 방문해 간디를 만나기도 합니다.

한편 소련 공산당 서기장인 스탈린 대원수*도 조지 카버를 애타게 찾았습니다. 당시 소련은 사회주의의 이념에 따라 집단농장을 만들기로 했는데 처절하게 실패를 해 큰 인명 피해를 겪었어요.

>>>> 조지 워싱턴 카버

수백만 명의 사람들이 굶어 죽는 일이 발생했고 사람들에게 따뜻
한 옷을 제공하기 위해서는 목화를 많이 키워야 했는데 이것마저
도 잘 자라지 않았어요. 이런 상황에서, 미국에서 목화와 관련된

---

* 한 나라의 전체 군대를 통솔하는 최고 계급인 원수를 더 높여 이르는 말

최준영의 교과서 밖 인물 연구소

큰 성과를 거둔 조지 카버의 이야기를 스탈린이 알게 된 거죠. 그래서 조지 카버에게 정중하게 요청합니다. "소련에 와서 소련 인민들을 도와주세요. 여기 와서 몇 년 동안 살면서 우리를 좀 도와주면 좋겠어요."

하지만 조지 카버는 정중하게 거절합니다. 만약 조지 카버가 소련을 도와 여러 가지 활동을 했다면 어쩌면 오늘날 역사가 바뀔 수도 있었을 거예요.

끝까지 남들을 위해
살았던 조지 카버

조지 카버가 많은 발명품을 만들었으니 특허로 많은 돈을 벌었을 거라 생각하겠지만 그는 발명품 대부분에 대해서 특허 출원을 하지 않았어요. 그냥 모든 사람이 편하게 사용하기를 원해 발명을 하면 모든 사람에게 공개했습니다.

조지 카버는 어렵고 힘든 사람들을 도와줘야겠다는 목표 의식이 분명했던 거죠. 사실 그가 제일 하고 싶은 일은 인종 간의 평등한 사회였습니다. 그래서 1923년부터는 한 10년 동안 인종 간 협력위원회라는 것을 만들어서 백인들만 다니던 대학에 가서 강연도 하고 인종 평등에 관한 강의도 많이 했어요. 그는 백인들과 부

>>>> 조지 워싱턴 카버

딪혀 평등을 얻어 내려는 게 아니라 점진적으로 차근차근 평등을
이뤄 내려고 노력했죠.

하지만 흑인 사회 내부에서 반발하는 일도 있었어요. "이렇게
느리게 진행해서 언제 평등 달성을 하겠느냐. 문제를 빨리 해결하
려면 우리가 조금 더 적극적으로 투쟁하여 격렬하게 싸워야 한다.
하지만 조지 카버는 백인들에게 부탁하고 그들의 눈에 잘 들려고
하는 거 아니냐." 이렇게 비판을 했던 거죠.

사실 이런 갈등은 어디에나 있어요. 우리나라도 예전에 비슷한

최준영의 교과서 밖 인물 연구소

예가 있었죠. 일제강점기 시절에 한쪽에서는 "실력을 쌓아서 일본에 우리가 우리 나라를 다스릴 수 있는 능력을 보여 주고 그다음에 조선 반도에 대해서 자치권을 얻어 내자. 그래서 같이 잘 지내자." 하는 세력이 있었고 다른 한쪽에서는 "무슨 소리냐? 무력 투쟁으로 일본을 쫓아내고 우리가 독립을 이뤄야 한다."라고 주장하는 세력이 있었죠.

1930년에는 미국 사회가 음울하고 힘든 시절로 접어듭니다. 대공황이 들이닥쳤던 거죠. 그래서 조지 카버는 또 이를 극복하기 위해 여러 가지 노력을 합니다. 힘들고 지쳐 있는 사람들에게 희망을 주기 위해 항상 노력했어요.

당시 미국 서부는 토양이 고갈되어 바람이 불면 먼지, 모래 폭풍이 불어 농사를 지을 수 없는 땅으로 변하는 지역들이 점점 넓어지고 있었어요. 그래서 조지 카버는 미국 서부로 가서 토양을 개선하고 생산량을 늘리는 여러 방법을 전수하면서 농민들이 정착할 수 있도록 계속 노력을 했죠.

그는 검소하게 생활하며 이렇게 모은 돈으로 정말 하고 싶었던 박물관, 미술관을 건립해서 자기 작품들을 전시했어요. 하지만 지금은 남아 있는 작품들이 별로 없어요. 1947년 12월에 불이 났기 때문이죠. 그래서 그가 그렸던 대부분 그림이 소실되어 버렸어요.

다행히 조지 카버는 자신의 그림이 불에 타서 사라지는 것을 보지는 못했어요. 1943년 1월에 자택 계단에서 넘어져 78세의 나이로 세상을 떠났기 때문입니다.

많은 사람이
그를 기리다

그의 영향력이 무척 컸던 미국 사회에서는 그의 죽음에 많은 사람들이 애도했어요. 그리고 그가 어릴 때 살던 집은 흑인으로서 처음으로 국가 사적지로 지정이 됐습니다. 기념 공원이 된 거죠. 그래서 그의 동상, 박물관, 묘지 등이 갖춰져 있고 미국 발명가들을 위한 '미국 발명가 명예의 전당NIHF'에도 이름이 올랐어요. 미국 의회도 1월 5일을 조지 워싱턴 카버의 날로 선포해서 죽음을 기리기도 했고, 프랭클린 루스벨트 대통령은 기념비 건축을 위해 개인적으로 3만 달러를 기탁하기도 했습니다. 또한 미국 우정성에서 발행하는 기념우표와 기념주화에도 몇 번 등장했어요. 미국 원자력 잠수함 중에는 조지 워싱턴함도 있습니다. 얼핏 미국 초대 대통령 이름을 딴 잠수함이라고 생각할 수 있는데 아니에요. 정식 명칭은 조지 워싱턴 카버함이에요.

이처럼 조지 워싱턴 카버는 자신이 처한 상황을 비관하지 않고 끊임없는 노력과 의지로 난관을 극복하여 결국 미국 사람들이 존경하고 높이 평가하는 위인이 되었어요. 게다가 개인의 부를 쌓을 수도 있었지만 자신의 모든 걸 사회에 환원해서 사회 발전을 위해서 노력하는 모습에 사람들은 더욱 진심으로 존경을 표했어요.

우리는 뭔가 계획을 세웠는데 계획대로 진행이 잘 안 될 때 끊임없이 노력을 통해 극복하기보다는 금방 포기해 버리는 경우가 많이 있어요. 그런데 너무 높아서 내가 올라갈 수 없는 담벼락이라고 생각되는 곳도 가까이 가서 잘 보면 딛고 올라갈 수 있는 여러 가지 발판과 홈이 있는 때도 있습니다. 물론 올라가다가 중간에 떨어질 수도 있어요. 올라가는데 정말 더는 올라갈 수 없는 막다른 곳에 몰릴 수도 있고요. 그런데 중요한 것은 처음부터 아예 포기하는 것이 아니라 일단은 올라가 보는 거예요. 그래서 그러한 노력이 이어지다 보면 어느 순간 행운이 찾아오기도 합니다. 조지 카버의 이야기는 단지 운이 좋았던 흑인의 이야기가 아니라 불굴의 의지로 눈앞의 장벽을 하나씩 돌파한 인물입니다.

조지 워싱턴 카버는 이렇게 말했습니다.

"Education is the key to unlock the golden door of freedom."

교육은 자유의 황금 문을 여는 열쇠이다.

'어메이징 그레이스'라는 별명이 딱인
컴퓨터 과학자

그레이스 호퍼

Grace Brewster Murray Hopper (1906~1992)

오늘날에는 각종 프로그램, 소프트웨어, 코딩 등이 발달하면서 일상생활에서 다양하게 쓸 수 있는 각종 앱이 많이 탄생했어요. 그로 인해 예전에는 상상으로만 꿈꾸던 세상이 현실이 되면서 우리는 너무나 편리한 세상을 누리고 있습니다. 그렇다면 이런 세상을 누릴 수 있게 된 시작점은 무엇일까요?

현대 문명의 기초는 바로 컴퓨터입니다. 이 컴퓨터를 우리가 잘 쓸 수 있도록 만드는 데 핵심적인 역할을 하고 결정적인 기여를 한 사람이 있어요. 바로 20세기를 살아간 여성 그레이스 호퍼입니다.

우리가 여성은 평균적으로 수학에 좀 약하다는 인식을 가지고 있지만 의외로 여성 가운데서도 숫자와 계산에 뛰어난 사람들이 많았고, 과학 발전에도 크게 이바지했어요. 그런데 정작 그들의 이름이 남성들 뒤에 가려져 버린 경우가 대부분입니다.

실화를 바탕으로 한 영화 〈히든 피겨스Hidden Figures〉에도 그런 예를 볼 수 있어요. 우주 개발 초창기에 천재적인 계산 능력으로 큰 역할을 한 흑인 여성들이 당해야만 했던 인종차별과 여성 차별이 고스란히 담긴 작품입니다. 이 영화에서는 뛰어난 능력을 지니고 있어도 이를 펼칠 기회조차 주어지지 않았던 여성들을 조명하며, 1960년대 차별이 얼마나 심했는지 잘 보여 주고 있어요.

어릴 적부터
수학을 좋아한 호퍼

컴퓨터는 하드웨어, 소프트웨어로 나누어지죠. 그레이스 호퍼는 소프트웨어 쪽인 프로그래밍과 관련하여 뛰어난 업적을 남긴 사람입니다. 본명은 '그레이스 브루스터 머리Grace Brewster Murray'였지만 결혼을 했다가 이혼을 하고 계속 그레이스 호퍼라는 이름을 사용했어요. 1906년생으로 미국의 중심지인 뉴욕에서 태어난 호퍼는 17세에 뉴욕에 있는 바사 대학교Vassar College에 입학해 어린 시절부터 관심이 많았던 수학, 물리학을 공부해요.

오늘날에는 수학을 잘하면 할 수 있는 일이 굉장히 다양하고 다른 분야로 진출하기도 좋은 분야이지만 20세기 초반 미국에서는 그러지 못했어요. 그래서 그레이스 호퍼는 예일 대학교 대학원에 진학합니다. 열심히 공부해서 1930년에 수학 석사 학위를 받았고 1934년에는 수학 박사 학위를 취득했어요. 4년 만에 박사 학위를 받았다는 건 그녀가 정말 수학 천재라는 걸 증명한 거죠. 그녀 나이 30세도 채 되지 않았으니까요.

그렇게 그녀는 박사 학위를 받고 졸업한 뉴욕의 바사 대학교로 돌아가 부교수가 되었어요. 당시 여성으로서는 매우 드문 전문직 여성으로서의 길을 걷게 된 거죠.

전쟁 속에서도 유지되는
미국의 사회 시스템

하지만 이 시기에 제2차 세계대전이 일어납니다. 전쟁은 전선에 직접 나가서 싸우는 사람뿐만 아니라 사회에 남아 있는 사람들의 인생도 바꿔 놓게 됩니다.

미국은 처음에는 제2차 세계대전 때 중립을 유지하다가 일본의 진주만 기습 이후 본격적으로 전쟁에 참여하게 됩니다. 보통 전쟁을 하면 대부분의 나라가 가능한 모든 병력을 모으기 위해 신체검

사 후 웬만하면 다 전쟁터로 보내는데 미국은 그렇지 않아요. 전쟁이 한두 달로 끝나지 않을 걸 알기에 전쟁터에 모든 인원을 동원하기보다 사회를 유지하는 데 필요한 인력들은 꼭 확보합니다. 군인으로 상한선을 설정해 놓아요. 몇 명 이상은 절대 데려갈 수 없게 말이죠. 그래서 어떻게든 그 군인들 속에서 문제를 해결하게 했어요. 전선에서는 당연히 더 많은 병력을 보내 달라고 요청했지만 미국 정부는 단호했습니다. 전쟁에서 이기려면 전쟁에서 이길 수 있는 능력을 사회가 유지해야 하는데 그러려면 각종 공장이나 시스템이 잘 돌아가야 한다고 생각했던 거죠.

그럼에도 불구하고 젊은 남성들이 대부분 전선으로 가다 보니 산업 현장에서 인력 부족 현상은 어쩔 수 없이 나타났어요. 그건 다른 나라들도 다 같은 상황이었죠.

미국은 이러한 어려운 상황을 현명하게 풀어냈습니다. 여성들을 모두 공장으로 불러들인 거예요. 남자들이 모두 떠난 공장을 여성들이 움직이게 했던 거죠. 비행기, 자동차, 소총 이런 군수물자 생산에 여성들이 직접 투입돼서 큰 역할을 합니다. 집에서 아이 키우고 집안일만 하던 여성들은 금세 적응을 해요. 미국 특유의 체계적인 매뉴얼과 꼼꼼하게 일하는 여성들의 노력이 결합한 거죠. 거기에 아메리칸 스탠더드에 의해서 확립된 규격화, 이런 것들이 결합하면서 여성들은 처음 접한 기계를 척척 움직이면서 공장을 돌렸습니다.

그레이스 호퍼가 처음 접한
컴퓨터의 세계

호퍼는 미 해군에 지원했는데 체중 미달로 떨어져요. 그래서 해군이 운영하는 예비군 산하의 여성 부대인 '여성 비상 자원봉사대'라는 곳에 들어갑니다. 여기도 사실은 군인이나 마찬가지였어요. 여기 모인 여성들은 강사, 교관, 정보 요원, 엔지니어 등으로 주로 가르치는 임무를 맡았는데 10만 명 이상의 여성들이 전쟁 기간에 복무했습니다. 호퍼도 그중 한 명이었죠.

기초 군사 훈련을 받은 호퍼는 대학을 졸업했기에 중위로 임관되고 1944년, 하버드 대학교의 크루프트 연구소로 배치됩니다.

미국은 전통적으로 학교에 각종 연구 활동을 위탁하는 경우가 많았는데 전쟁 중에도 그랬어요. 왜냐하면 전쟁을 하려면 새로운 무기도 만들어야 하고 여러 가지 아이디어가 필요하기에 머리가 좋은 사람들이 필요했던 거죠. 이러한 노력을 통해 미국 대학은 많은 성장을 하게 됩니다. 호퍼는 이 크루프트 연구소에 가서 처음으로 '마크1'이라고 불리는 전기 기계식 컴퓨터를 보게 되죠.

컴퓨터는 우리가 생각하는 것보다 훨씬 빨리 등장했어요. 반복되는 숫자 계산으로 신경 쓰는 일이 싫은 사람들은 다양한 계산기를 만들기 위해 노력했죠. 1642년, 블레즈 파스칼이 만든 기계식 계산기를 시작으로 사람들은 꾸준히 노력하여 1940년대 초반부터는 초보적인 컴퓨터들이 등장했어요. 암호 해독, 포탄의 궤도 계산 등 주로 군사적 목적으로 당시에는 활용되기 시작했습니다. 호퍼가 수학자였으니 딱 맞는 자리에 배치를 받은 거죠.

처음 그녀가 받은 미션은 그 기계를 이용해 해군의 전함에서 쏘는 함포에서 탄도가 어떻게 날아가는지 궤도를 계산하는 거였어요. 컴퓨터를 처음 접하는 그녀는 당황하지 않고 설계도부터 확보합니다. 이 컴퓨터가 어떻게 만들어졌는지 파악부터 한 거죠. 그리고 동료들에게 끊임없이 질문합니다. "이건 왜 이렇게 된 거죠?", "이렇게 하면 문제가 생기지 않나요?" 같은 질문을 쏟아 내며 이해하기 시작했던 거죠. 그리고 수학자로서의 자질을 발휘해 모든 계산식을 쪼갭니다. 누구든지 따라 할 수 있을 정도의 수준으로요. 그렇게 쪼개서 컴퓨터에 일을 시킨다는 개념을 생각하게 됐던 거죠. 그 당시 컴퓨터는 오늘날의 컴퓨터와는 전혀 달랐어요. 스스로 활용법을 깨쳐야 했어요. 정작 만든 사람도 활용법을 잘 모르는 상황이었죠.

호퍼는 계산하는 일은 쉬웠지만 낯선 컴퓨터, 새로운 용어(기뢰 제거, 기폭 장치, 근접 전파 신관 등과 같은 군사 용어) 등을 익히는 게 쉽지 않았어요. 그래서 호퍼는 우선 단어들의 쓰임, 그 단어가 뜻하는 게 무엇인지를 이해하는 데 노력을 많이 했습니다. 기본적으로 그 단어의 뜻을 알면 그다음 이해가 빨라져요. 수학에서도 '적분'이라고 하면 벌써 '아, 어려워.'라고 생각하잖아요. 그런데 적분의 뜻을 보면 '쌓을 적積'에 '나눌 분分'입니다. 그러니까 결국 미세하게 쪼갠 것을 쌓는다고 생각하면 머릿속에 어느 정도 개념이 자리 잡힐 거예요.

호퍼는 컴퓨터와 관련된 사람하고 이야기할 때는 전문 기술 용어를 능숙하게 쓰다가 일반 관리직인 사람들이 물으면 또 그 전문 용어를 일반 용어로 바꾸어 쉽게 설명해 줬어요. 이게 쉬운 것처럼 보일 수 있지만 생각보다 그리 쉬운 일은 아니며 무척 큰 장점입니다. 우리도 같은 한국말을 쓰는 사람과 대화를 해도 연구소에 계신 박사님들의 전문 용어를 들으면 머리가 하얘지는 걸 경험할 거예요. 이렇게 서로 다른 세계를 연결해 주면서 통역 역할을 한 사람이 호퍼였던 거죠. 숫자와 그래프 하나 없이도 수학과 과학적 지식을 알기 쉽게 설명해 주는 능력을 갖춘 사람이었어요.

그래서 프로젝트 책임자였던 하워드 에이킨Howard H. Aiken의 눈에 띕니다. 호퍼의 능력을 높이 산 에이킨은 세계 최초의 컴퓨터 매뉴얼을 만들어 보라는 지시를 합니다. 그래서 호퍼는 '마크1'이라는 컴퓨터가 어떻게 만들어졌는지, 어떻게 작동하는지 그리고 작동하기 위해서는 무엇을 해야 하는지에 대한 문서를 작성하는 일을 해요. 또 고장이 나면 어떻게 고쳐야 하는지까지 작성하게 되죠. 이렇게 컴퓨터와 씨름을 하는 사이에 제2차 세계대전은 끝이 납니다.

컴퓨터 버그를
탄생시킨 호퍼

호퍼는 다시 교수 자리로 복귀할 수도 있었지만 계속 연구소에 남아서 '마크1'의 개량형인 '마크2'의 제작 과정에 참여합니다. 그리고 이 와중에 그녀가 만든 유명한 컴퓨터가 탄생합니다.

우리가 집에서 컴퓨터를 한참 켜 놓고 있으면 본체가 따뜻해지는 걸 느껴 봤을 거예요. 컴퓨터라는 장비는 열과 싸움을 벌이는 장비인데 당시 초보적인 컴퓨터는 그 크기가 방을 몇 개 합쳐 놓은 것만큼 어마어마하게 컸습니다. 그리고 엄청난 열을 내뿜는 장치였어요. 문제는 이런 열을 쫓아서 벌레들이 많이 모여 내부까지 들어왔어요. 그래서 컴퓨터가 작동해야 하는데 작동이 멈추는 경우가 빈번했죠. 호퍼와 엔지니어들이 '패널 F'라고 불리던 부품을 조사해 보면 스위치 사이에 나방이 껴 있는 경우가 빈번했어요. 오늘날 컴퓨터 프로그램이 뭔가 잘못되면 '버그'가 있다고 하잖아요. 그 처음 기원은 이렇게 진짜 벌레가 원인이었던 거예요.

꼼꼼한 성격의 호퍼는 이렇게 잡은 나방을 '마크2' 컴퓨터 운영

>>>> 그레이스 호퍼

일지에 일기처럼 하나하나 모두 기록을 합니다. 워낙 고장이 잦다 보니 무슨 고장이 났는지, 고장의 원인이 무엇인지, 어떻게 고쳤는지 세세하게 기록을 해요. 그리고 그 기록들을 다음 관리자에게 넘겼죠. 처음 잡은 나방을 스카치테이프로 붙여 놓고 "버그가 발견된 첫 번째 실제 사례"라고도 기록을 합니다. 그래서 컴퓨터의 버그는 진짜 벌레를 의미하는 것이었고 그 버그를 잡아내는 것을 영어로 '디버깅debugging'이라고 하는 거죠. 그래서 지금도 컴퓨터에서 버그를 잡아서 프로그램을 정상적으로 돌리는 과정을 디버깅한다고 하는데 호퍼가 디버깅의 창시자로 알려지게 됩니다.

하지만 이 사실에 대해서는 다른 의견이 많아요.

1878년에 토머스 에디슨이 자기 발명품을 설명한 편지에서 이런 표현을 씁니다. "이게 정지하면 사소한 결함과 문제점을 의미하는 버그가 드러납니다."

그래서 에디슨이 먼저 뭔가 문제가 생기는 것을 "버그"라고 표현을 했다는 거죠. 원래 미국 엔지니어들이라든지 기계공 사이에서는 뭔가 사소한 문제나 오류를 버그라고 부르는 게 일반적이었던 것 같아요. 그래서 1934년에 발간된 웹스터 영어사전에서 이런 뜻이 있다는 것을 누군가 발견해서 이미 '버그'라는 표현을 쓰고 있었다고 주장하죠. 하지만 어쨌든 프로그램 오류를 '버그'라고 부르기 시작한 것은 호퍼인 걸로 사람들에게는 알려져 있어요.

좀 더 쉽게
컴퓨터를 활용할 수 있도록

전쟁이 끝나자 군대에서의 컴퓨터 활용은 조금 멀어졌고 이제 컴퓨터는 기업에서 활용되는 방안을 찾기 시작합니다. 그래서 호퍼는 1949년, 하버드 대학을 떠난 후 에커트 모클리^Eckert-Mauchly라는 컴퓨터 회사로 자리를 옮겼는데 이곳은 세계 최초의 전자식 컴퓨터로 알려진 애니악^ENIAC-Electronic Numerical Integrator And Computer을 만든 개발자들이 만든 조직이었어요.

당시에는 컴퓨터에 어떤 일을 시키려면 관련 데이터를 일일이 하나씩 다 넣어 줘야 했죠. 만약 거기서 숫자나 시키는 일이 좀 바뀌면 처음부터 다시 입력해야 해요. 어떻게 보면 무척 비효율적인 일인 거죠. 계산은 금방 나오지만 그 계산을 시키기까지가 너무 오래 걸리는 거예요.

그래서 호퍼가 자신의 경험을 토대로 생각을 해 보니 컴퓨터에 일을 시킬 때 많은 부분은 과거에 시켰던 것과 똑같은 것을 다시 반복해서 시켜요. 그런데 그걸 처음부터 다시 한다고 시간을 낭비하고 있다는 걸 발견하죠. 그래서 많이 시키는 것들을 쪼개서 '서브루틴'이라는 과정으로 만듭니다. 이것을 자기 테이프라는 정보 기록용 장치에 저장하고 서브루틴에 번호를 붙여요. 그러면 사람들이 1번 서브루틴에는 A라는 작업을 수행하게 하고, 2번 서브루틴에는 B라는 작업을 수행하게 하는 식으로 해서, 필요하면 그 숫자만 조합시키면 금방 해결이 되었어요. 새롭게 시킬 일만 집어넣으면 되는 거였죠. 결국 호퍼는 컴퓨터가 일을 효율적으로 할 방법을 개발한 거예요.

우리가 프로그래밍, 코딩이라고 하면 무척 어렵게 생각하는데 결국 컴퓨터에 일을 지시하는 거예요. 사람에게 일을 지시할 때도 간단명료하게 설명하면 금방 이해하고 일을 확실하게 하듯이 컴퓨터도 마찬가지예요. 길게 설명하면 그걸 이해하는 데 오랜 시간이 걸리고 일을 처리하는 시간이 그만큼 오래 걸리는 거죠.

그런데 컴퓨터는 우리가 사용하는 언어를 쓰는 게 아니고 이진법으로 숫자 0과 1로 되어 있는 것을 입력해야 해요. 이게 참 쉬운 일이 아니었죠. 사람은 사람들이 하는 말을 써야 하는데 컴퓨터 말을 머릿속에서 생각해서 이것을 이진법으로 바꿔서 컴퓨터가 이해할 수 있도록 입력을 해야 하니 배우기도 힘들고 적용하기도 힘들었어요. 그래서 호퍼는 이 과정을 혁신적으로 단축하는 방법을 개발하게 됩니다.

결국 프로그램이라는 것은 컴퓨터에 일을 시키는 방식인 거죠. 그래서 당시 사람들은 컴퓨터는 '계산을 하는 존재'라고 여기고 이 컴퓨터가 계산 외에는 다른 일은 할 수 없다고 생각했던 거예요. 더하기, 빼기, 곱하기, 나누기 이렇게 단순한 것은 잘해도 그보다 더 업그레이드된 일을 할 수 있을 거라고는 생각하지 못했어요. 왜냐하면 단지 그 정도 목적으로 만든 게 컴퓨터였으니까요.

컴퓨터 프로그램
발전의 시작

호퍼는 그동안 컴퓨터를 다뤄 본 결과 제대로 지시만 내린다면 컴퓨터는 그보다 더 다양한 일을 할 수 있을 거라 생각합니다. 지금은 컴퓨터가 많은 일을 하는 것이 당연하게 생각되지만 그 당시에는 그렇게까지 생각을 못 했던 거죠. 우리나라에서도 '컴퓨터'라는 단어를 '전자계산기'라고 번역했던 시절이 있었으니까요.

그래서 호퍼는 이 가능성이 있는 컴퓨터에 어떤 일을 시켜야 할지 고민하게 됩니다.

사람들의 말과 컴퓨터의 언어가 다른데 이걸 연결해 줄 방법을 개발한다면 일반 사람들도 컴퓨터를 잘 활용할 수 있고 컴퓨터도 좀 더 다양한 일을 할 수 있을 거라고 생각했습니다. 그래서 '컴파일러'라고 불리는 일종의 번역 프로그램 같은 역할을 하는 개념의 툴을 개발했어요. 사람과 컴퓨터가 각자의 언어로 말을 하면 중간에서 이것을 번역해 주는 거죠. 앞에서 말했듯 처음 컴퓨터에 일을 시키려면 전부 숫자로 0, 1, 0, 1, 0, 0, 0, 1 이런 식으로 무의미해 보이는 숫자를 머릿속에서 사람들이 하나씩 다 계산을 하면서 입력을 해야 하는데 그런 방식이 아니고 사람들이 좀 더 이해할 수 있는 표현으로 일을 시킨다면 훨씬 효율적이겠다고 생각한 거죠. 우리가 공통으로 사용하는 언어인 영어로 글자를 입력하면 컴파일러가 이것을 컴퓨터가 이해하는 기계어로 번역해서 일을 시키고 그러면 컴퓨터가 한 일의 결과를 다시 사람들이 이해할 수 있도록 번역해서 보여 주면 컴퓨터는 여러 가지 일을 할 수 있을 거라고 생각했어요. 이것이 컴퓨터 프로그램 발전의 시작이었던 거죠.

지금은 컴파일러라는 게 프로그래밍에서 너무 당연하기 때문에 이게 원래부터 있었던 게 아닌가 생각할 수도 있겠지만 1950년 초반에 호퍼가 이런 개념을 처음 제시했을 때만 해도 사람들은 황당무계한 개념으로 받아들였답니다.

결국 호퍼가 서브루틴을 만들면서 작업 속도가 빨라지게 되어 그 후부터는 사람과 컴퓨터가 더 세련된 방식으로 대화를 나눌 수 있게 되었습니다. 또한 더 많은 사람이 쉽게 컴퓨터를 사용할 수 있도록 한 단계 발전하게 되었고요.

소프트웨어의
본격적인 등장

호퍼는 1954년에 'A2'라는 새로운 시스템을 개발했는데 여기에 처음으로 소프트웨어라는 것을 포함했어요. 그리고 1957년에는

'플로우 매틱FLOW-MATIC' 이라는 일종의 데이터 처리 언어를 개발했습니다. 새로운 언어를 하나씩 개발하는 거라고 보면 돼요. 이때 만들어진 플로우 매틱이라는 것은 옛날식 언어이기는 하지만 영어로 된 명령을 사용할 수 있었던 거예요.

예를 들어 사람들이 '인풋Input' 이라고 하면 '뭔가 데이터를 집어넣는 것이겠구나.'라고 금방 이해할 수 있는 명령어를 사용할 수 있게 된 거죠. 그러다 보니 기업 입장에서 봤을 때도 컴퓨터를 배우고 익히면 자동 청구 기능, 자동 급여 계산 등을 더욱 쉽게 할 수 있겠다 생각됐어요. 그래서 이런 기능을 가장 먼저 적극적으로 사용한 곳이 전국 단위로 수백, 수천만 가구에 청구서를 보내야 했던 전력 회사였습니다.

당시로서는 획기적이고 놀라운 발명이었습니다. 전문가들 사이에서 이때부터 컴퓨터를 활용할 수 있는 방법을 연구하는 소프트웨어라는 학문이 본격적으로 등장하게 되었어요. 하지만 여러 회사가 경쟁적으로 컴퓨터를 만들고, 컴퓨터에 맞는 언어들을 개발하다 보니 점점 불편한 점들이 생겼어요. 기업들 입장에서 봤을 때 A라는 컴퓨터를 썼는데 이게 낡은 것 같아서 B라는 컴퓨터를 사니 A라는 컴퓨터에서 사용하던 언어가 적용이 안 되는 거예요. 그럼 또 새로운 언어를 익혀 적용해야 하는 거죠. 사람들은 이게 불합리하다고 생각하고 컴퓨터가 바뀌어도 공통으로 쓸 수 있는 언어를 만드는 게 낫지 않을까 생각하게 됩니다.

그래서 1959년에 미국 펜실베이니아 대학교에 전문가들이 모여서 회의를 개최합니다. 기업 사용자들을 위해서 통일된 어떤 언어를 만들어 보자고 합의를 하게 되는 거죠. 그리고 요즘 방식의 프로그램 언어가 등장하게 됩니다.

바로 코블^{COBOL}이라는 컴퓨터 언어가 탄생하게 돼요. 코먼 비즈니스 오리엔티드 랭귀지$^{Common\ Business\ Oriented\ Language}$라는 단어의 약자인 코블은 호퍼가 만들었던 플로우 매틱이라는 프로그램을 근간으로 만들어졌어요. 주로 보고서 작성이나 회계 계산하는 데 사용할 수 있도록 맞춰졌는데, 일반 영어 문장과 상당히 비슷해서 쓰기가 편해 당시 기업들에게 큰 호응을 받았다고 해요. 이것 역시 호퍼의 주장으로 만들어지게 된 거랍니다.

호퍼는 전문가가 아닌 일반 사람들도 이러한 프로그램을 보고 읽고 이해할 수 있을 만큼 접근성이 좋아야 한다고 생각했어요. 하다못해 슈퍼마켓 점원들도 사용하다가 틀리면 수정할 수 있어야 한다고 생각했죠. 하지만 호퍼의 기준에서는 매우 쉽다고 생각한 수준이 일반인들로서는 그래도 어려운 부분이 많았어요.

60년이 지난 지금까지도 이 언어들은 많이 사용되고 있습니다. 2013년에 어떤 신문에 난 기사를 보면 전 세계 500대 기업 비즈니스 시스템 중에서 90퍼센트에는 여전히 이 '코블'이라는 언어가 사용되고 있다는 보고가 있었죠. 우리가 ATM이라고 부르는 현금 인출기도 미국 같은 경우에 그 당시 2013년 기준으로 봤을 때 상당수가 코블로 작동되고 있었어요. 그리고 신호등이 꺼졌다 켜졌다 하는 교통 관리 시스템, 항만 물동* 제어, 병원 정보 시스템 등도 미국에서는 여전히 코블을 사용하고 있다고 보도되었습니다.

아날로그에서 디지털 시대로 발전한 오늘날에는 새로운 언어를 사용하여 훨씬 빠르고 편리한 뭔가 특별한 방법으로 새로운 것이 개발되어 사용될 것 같지만 지금까지도 별문제 없이 사용하던 것들이라 기업이나 공장에서는 쭉 이 코블을 사용하고 있는 거죠. 하지만 이 코블이라는 언어는 시간이 지나면서 계속 업그레이드 되고 있어요.

나이가 들었지만
꾸준히 활동하는 호퍼

1966년, 해군 소속이던 호퍼는 60세가 되어 정년퇴직하게 됩니다. 하지만 이때부터 미군함에는 본격적으로 컴퓨터가 사용되기

---

* 국가 비상사태 발생 시, 국가가 중요 물자物資의 생산, 배급, 소비의 조절을 꾀하는 일

시작했어요. 컴퓨터로 계산하여 미사일도 쏘고 상대방 미사일도 맞추는 등 사람이 계산하는 것보다 컴퓨터를 이용하는 비중이 더 커졌죠. 그래서 거기에 필요한 능력을 지닌 호퍼를 1년 만에 미 해군 프로그래밍 언어 그룹이라는 것을 만들어 책임자로 복귀시킵니다. 정년이 지났지만 특별 허가를 한 거죠. 그래서 호퍼는 이곳에서 10년간 코블 언어를 다양한 컴퓨터 시스템에 사용할 수 있도록 통합시키는 작업을 계속 지휘했어요.

1985년에는 해군 소장에 임명됩니다. 그리고 이듬해인 1986년에 드디어 제대하게 되죠. 그녀의 나이 일흔아홉이었어요.

그녀는 미 해군 퇴역 이후에도 강연을 하는 등 꾸준히 활동했어요. 컴퓨터 회사인 DEC라는 회사의 상임 고문도 되었고, 젊은 컴퓨터 전문가들을 대상으로 수백 회의 강연도 했는데 탁월한 설명 능력과 적절한 비유로 그녀의 강연은 사람들에게 인기가 좋았어요.

그녀는 강연할 때마다 1피트, 그러니까 약 30센티미터 정도 되는 전선을 나눠 줍니다. 사람들은 전선을 받고 의아해하죠.

"정보가 전달되는 속도는 빛의 속도입니다. 광속이에요. 그런데 컴퓨터 안에서 CPU가 1GHz의 속도로 작동된다고 가정을 해 보면 한 번 이 컴퓨터가 깜박깜박 작동할 때마다 정보가 이동할 수 있는 길이는 여러분의 손에 있는 그 1피트 정도만큼 이동하는 겁니다. 그래서 생각하는 것만큼 정보가 느리게 전달되거나 왜 이렇

>>>> 그레이스 호퍼

게 빠르지 않지 하는 생각이 드는 것들은 당연히 이러한 원리입니다."라고 이야기합니다.

빛이라는 게 빠르지만 컴퓨터 안에서는 짧은 시간에 그만큼밖에 못 간다는 것을 전선을 이용하여 이해하기 쉽게 설명해 줬던 거예요. 이렇게 호퍼는 사람들에게 자신이 알고 있는 지식을 최대한 쉽게 이해할 수 있도록 잘 설명했어요.

호퍼의
적극적인 마인드

그녀의 어록 중에 가장 유명한 것은 "좋은 생각이 났으면 일단 하고 보자."입니다. 생각이 떠올랐을 때 바로 실천에 옮기자는 거죠.

그리고 또 한마디 더 했습니다. "허락받는 것보다 저질러 놓고 사과하는 게 더 쉽다."

본인이 경험해 보니 처음부터 뭔가를 해 보고 싶다고 하면 대부분의 경우 허락을 안 해 주거나 허락해 주더라도 시간이 너무 많이 걸린다는 거죠. 그래서 일단 실행해 보고 성과가 좋으면 다행인 거고 혹시 실패하게 되면 그땐 사과하자는 거죠.

우리가 부탁할 때도 대부분의 사람들이 그렇게 부탁을 합니다. 망설이며 "이거 좀 어려운 부탁인데……."라고 이야기하면 듣는 사람들도 일단 경계심을 가져요. '뭔가 어려운 부탁을 하겠구나.'라고 생각을 먼저 하죠. 그런데 "이거 간단한 건데 그냥 바로 좀 해 줘." 하고 툭 던져 주면 상대도 조금은 가벼운 마음으로 '별거 아닌가 보다.' 하고 들여다보죠. 하지만 막상 해 보면 그리 만만한 일이 아니거든요.

호퍼는 시도해 보지도 않고 이러쿵저러쿵 이야기하는 걸 정말 싫어했어요. '일단 결과를 보여 주고 그걸로 이야기하자. 그다음에 잘못되면 그때 가서 다시 논의를 해 보자.'라는 사고방식을 가지고 있었어요.

어찌 보면 자신의 능력에 정말 자신이 있었기에 가능한 일이고 또한 자신이 저지른 일에는 어떻게든 책임을 지겠다는 마음이 컸던 거죠.

다양한 분야에서
그녀를 추모하다

1992년, 85세의 나이로 호퍼는 세상을 떠났습니다. 평생을 컴퓨터라는 새로운 발명품을 인류가 잘 활용할 수 있도록 노력한 인물입니다. 그녀가 하버드 대학교에서 컴퓨터라는 기계를 처음 접했을 때도 오늘날과 같은 세상을 상상하지 못했을 거예요. 호퍼가 조금만 더 오래 살아 오늘날과 같이 인터넷이 대중화돼서 모두가 연결되는 세상을 접했다면 참 뿌듯했을 거예요. 인터넷이 본격적으로 대중화되기 시작한 것이 1994년 정도였으니 그녀가 세상을 떠난 직후 세상은 급변하기 시작했으니까요.

미국의 학계 그리고 산업계, 정부 모두 다양한 방식으로 그녀를 추모했어요.

우선 그녀는 워싱턴 DC에 있는 알링턴 국립묘지에 안장되었습니다. 그리고 미국 해군의 주력 전투함 알레이 버크급 구축함인 이지스함(우리가 보통 부르는 전투함) 한 척에 그녀의 이름을 따서 "그레이스 호퍼함"이라고 이름을 붙였어요.

그리고 미국 에너지부가 사용하는 슈퍼컴퓨터 한 대에도 '호퍼'라는 이름을 붙입니다.

해군사관학교에서도 요즘에는 전자전이라고 해서 실제로 상대방과 군함이 전파를 가지고 여러 가지 전투를 하는 방법들이 있는데 이런 전자전을 가르치는 건물을 새로 지으면서 그 명칭을 "호퍼홀"이라고 붙였어요.

2017년에는 예일 대학교에서 단과대학 칼리지 명칭을 그레이스 호퍼의 이름을 따 "호퍼 칼리지"로 바꾸기도 했습니다.

이렇게 다양한 분야에서 여러 방식으로 그녀를 추모하고 기념하기 위해 노력했어요. 그래픽 카드로 유명해진 엔비디아 회사도 호퍼라는 이름으로 현재 상표명을 등록해 놓은 상태예요. '문명'이라는 게임의 위대한 제독으로도 등장합니다.

컴퓨터와 관련된 일은 대부분 남성이 많을 거라는 선입견이 있지만 사실 컴퓨터가 처음 등장했을 때 이것을 관리하고 운영하는 사람들의 상당수는 여성이었어요. 특히 영국에서는 컴퓨터 관련 일은 대부분 여성이 많이 했죠.

하지만 제2차 세계대전 당시에 컴퓨터의 기능이 한층 중요시되면서 점점 여성들이 밀려나고 남성들이 그 자리를 차지하게 되었어요. 갑자기 일을 그만두게 된 여성들이 그 노하우를 제대로 전수하지 못했고 그러다 보니 영국의 컴퓨터 산업의 경쟁력은 사라지게 된 거죠.

남성과 여성, 성별에 따라 어느 쪽에 좀 더 유리한 직업은 분명히 있어요. 하지만 그것이 절대적인 기준이 될 수는 없는 거죠. 오늘날 남녀가 젠더 갈등을 빚는 모습 역시 사람의 능력과 자질을 공평하게 발휘할 기회를 주고 그 결과를 객관적으로 평가를 받을 수 있는 시스템이 없으므로 이러한 문제가 대두되는 게 아닐까 싶어요. 물론 과거보다는 많이 좋아졌지만 우리 사회는 아직 갈 길이 멀었습니다.

오늘날 우리 주변에도 이러한 인재들이 많이 숨어 있어요. 우리 사회가 조금 더 공평해지고 차별 없는 사회가 되면 이런 역할을 하는 사람들이 좀 더 빛을 발하지 않을까 생각합니다.

04

세계적인 식량 증산에 기여한 학자,
노벨평화상을 받다?

노먼 볼로그
Norman Ernest Borlaug (1914~2009)

한 사회가 성장하고 발전했다고 정의를 내릴 수 있는 결정적인 단계는 어느 지점일까요? 우리가 잘살게 됐다 혹은 우리는 이제 괜찮다고 안심할 수 있었던 지점에 대하여 어르신들과 이야기를 나눠 보면 굶지 않고 최소한 밥은 먹고 살 수 있을 때, 그제야 마음이 놓이게 되었다고 말씀하십니다. 그럼 우리나라에서 그 시기가 언제냐고 물어보면 1970년대 정도라고 이야기해요. 이때부터 국민이 비록 혼분식은 하지만 최소한 굶지 않고 쌀을 먹을 수 있는 시기였다고 합니다.

이 시기가 "녹색혁명"이라고 불리던 시기입니다. 이 녹색혁명의 주창자, 녹색혁명의 아버지 역할을 한 사람이 바로 '노먼 볼로그'입니다. 볼로그는 인류의 역사를 바꾸어 놓았다고 해도 과언이 아니에요. 사실 인류의 역사는 굶주림의 역사예요. 배고픔의 역사죠. 농업을 시작하고 농사를 지었지만 그만큼 인구가 늘어나니 웬만큼 농사를 지어서는 이 많은 인구가 배불리 먹기가 힘들었어요. 학교에서 배우는 '맬서스의 인구론'도 이러한 역사에 대한 통찰에서 나오게 된 거죠. 식량이 산술급수*적으로 늘어나는 데 반해 인구는 기하급수**적으로 늘어나 인구과잉과 식량 부족 문제가 지속해서 발생하는 것입니다. 그래서 인구가 늘어나고 줄어듦에 따라 한 번씩 기아가 발생하거나 아니면 질병으로 많은 사람이 사망하는 일이 생기죠. 19세기 후반까지 인류는 계속 이러한 반복되는 상황에 갇혀 있었어요.

굶주림의 역사에
한 획을 그은 인물

그러면 이러한 상황을 돌파할 방법에는 뭐가 있었을까요?
여러 가지가 있겠지만 가장 대표적인 방법은 과학기술의 발전

---

* 서로 이웃하는 항의 차가 일정한 급수
** 서로 이웃하는 항의 비가 일정한 급수

입니다. 과학기술이 발전하면서 우리에게 필요한 곡물들이 성장할 때 어떠한 요소들이 필요한지 알게 됩니다. 그리고 그러한 요소 중 가장 대표적인 것이 토양, 즉 식물에 영양을 공급하여 자라게 할 수 있는 흙입니다.

사람들은 토양에 영양분이 없는 경우를 대비해 이것을 인공적으로 공급해 주는 "구나아^{Guano}"라고 부르는 새똥을 태평양 외딴섬에서 퍼 와서 토양에 섞어 쓰기 시작했어요. 그랬더니 곡물들이 더욱 잘 자라기 시작했어요.

20세기 초반부터는 새똥이 아니라 사람들이 인공적으로 질소 비료 등을 만들어 내기 시작합니다. 이러한 것들을 통해 20세기 초반이 되면서 농업 생산량은 이전보다 확실히 늘었어요. 하지만 한 가지가 부족했습니다.

일단은 흙에 다양하게 무언가를 섞어서 농사가 잘 되게 해 줄 수 있었지만 기본적으로 품종이 가지고 있는 한계를 극복하지 못하고 있었어요. 아무리 비료를 주고 물을 잘 준다고 해도 원래 종자가 가지고 있는 수확량의 한계는 넘어설 수가 없었어요. 그러다 보니 종자 자체를 변화시켜서 더 많은 곡식과 식량을 생산할 수 있도록 하는 것이 중요하게 되었죠.

이러한 문제를 해결해 준 인물이 노먼 볼로그입니다. 볼로그는 노벨상을 받은 과학자입니다. 과학자가 노벨상을 받았으니 물리학이나 의학, 화학 등 과학 분야로 노벨상을 받았을 것 같지만 '노벨평화상' 수상자예요. 과학자가 평화상을 받는 일이 있을까 의아해할 수 있지만 볼로그는 탁월한 업적으로 인류를 기아에서 구원한 업적을 인정받아서 노벨평화상을 받게 되었습니다.

볼로그는 농학을 공부한 식물 병리학자예요. 볼로그의 업적을 한마디로 정의한다면 수확량이 많은 곡식을 개발하여 멕시코, 파키스탄, 인도 등 인구가 많은 나라에 소개해서 수십억 명의 사람들이 굶주림에서 벗어날 수 있도록 했죠. 그래서 볼로그가 개발한 여러 작물은 우리 인류가 먹는 열량 섭취를 단기간에 23퍼센트나 늘렸다는 평가를 받고 있어요. 그러니 우리가 흔히 이야기하는 '녹색혁명'이라는 말은 볼로그의 업적이라고 볼 수 있답니다. 그래서 사람들은 볼로그를 "녹색혁명의 아버지"라고 불러요.

볼로그의
성장기

'볼로그'라는 이름이 조금은 독특해 보이죠? 이런 이름들은 북유럽 쪽에서 종종 볼 수 있는데 노르웨이 이민자의 후손이에요. 1914년, 미국 아이오와주에서 태어난 볼로그는 어릴 적부터 당시 농민의 자식들처럼 우유 짜기, 가축 먹이기, 외양간 청소하기 등

집안일을 돕고 매일 2.5킬로미터를 걸어서 교실이 하나뿐인 학교에 가서 공부했습니다. 어떻게 보면 과거 우리나라의 할머니, 할아버지와 비슷한 삶을 살았던 거죠.

지금의 북유럽은 부유하고 복지 체계가 잘 갖춰진 나라이지만 20세기 초반만 해도 이들 국가는 유럽 전체에서 가장 가난한 나라였습니다. 그러다 보니 많은 사람이 굶주림을 피해 풍요로운 미국으로 이민을 갔어요. 오늘날은 복지사회의 대명사로 인식되는 스웨덴 같은 경우는 20세기 초반 인구가 300만 명 정도였는데 10년 사이에 100만 명이 미국으로 이민을 갔어요. 전체 인구의 1/3이 이민을 간 거죠.

그렇게 미국으로 온 사람들은 주로 농업에 종사하던 사람들이라 미국에 와서도 농사를 지을 생각을 했죠. 그래서 농지가 넓은 미네소타나 아이오와주에 주로 터를 잡고 농사를 지으며 살아갔습니다.

볼로그의 할아버지는 볼로그가 어릴 적부터 배움에 대해서 강조했습니다. "제대로 배워야 한다. 나중에 배를 배불리 채우고 싶다면 지금 머리를 채워라." 이런 말씀을 많이 해 주셨다고 합니다. 볼로그는 이런 할아버지의 가르침을 항상 마음 깊이 새겼다고 해요. 그래서 볼로그는 어릴 적부터 공부도 잘했고 게다가 운동까지 아주 뛰어났어요.

볼로그는 고등학교에 입학하면서 레슬링이라는 스포츠 종목을 접하게 됩니다. 운동하면서 볼로그는 '신이 주신 재능을 최대한 발휘해야 한다. 그렇지 않으면 경쟁할 생각을 아예 하지 말라.'는 교훈을 배우게 되었죠. 그러니까 모든 일에는 최선을 다해야 하고, 자신이 레슬링 선수로서 상대와 겨룰 때 방심을 한다든지 상대를 쉽게 생각하면 안 된다는 것을 깨달았어요.

집이 가난했던 볼로그는 고등학교를 졸업하고 대학을 가려고 했으나 돈이 없었어요. 그래서 동네에서 여러 가지 아르바이트를 하면서 돈을 모아 지역에 있는 전문대학에 진학하려고 준비를 하고 있었죠.

그런데 어느 날 일을 하고 있던 그가 납치됐어요. 고등학교 때 레슬링 코치가 나타나서 그를 차에 밀어 넣고 인근 제일 대도시인 미니애폴리스에 있는 미네소타 주립 대학으로 그를 데리고 갔습니다. 그곳에 레슬링 팀이 새로 생겼는데 이 코치가 좋은 선수를 찾다가 바로 볼로그를 떠올렸던 거예요. 스카우트한 거죠. 그래서 볼로그는 자기가 목표로 하고 있던 2년제 전문대학이 아닌 4년제 종합대학에 진학하게 되었습니다. 참고로 미네소타 주립 대학은 지금도 농업 부문에서는 유명한 학교이고, 1960~1980년대 우리나라에서 농업 분야를 배우기 위해 많은 사람들이 공부했던 곳이에요.

최준영의 교과서 밖 인물 연구소

볼로그가 체육 특기생으로 미네소타 주립 대학에 쉽게 입학할 줄 알았지만 입학 전 특기생들도 시험을 치렀어요. 하지만 볼로그는 이 시험에서 떨어지고 말았죠. 학교 입장에서 봤을 때 그래도 스카우트를 해 온 운동선수이니 어떻게든 관리를 해야겠다는 생각으로 예비 대학이라는 곳에 우선 보냈습니다. 그리고 그곳에서 학점을 모아서 다시 진학하게 되었는데 이것을 계기로 볼로그는 더욱더 열심히 공부했어요. 보통 예비 대학에 들어가면 적당히 시간을 때우거나 포기해 버리는 학생들이 많았는데 반대로 더 열심히 공부한 볼로그는 바로 입학을 하게 되었죠.

볼로그는 나무와 숲을 가꾸는 산림학을 전공합니다. 그리고 본격적으로 대학 생활을 시작한 볼로그는 몇 가지 인생 경험을 해요. 대학 주변을 지나가는데 사람들이 파업하고 이것을 진압하는 경찰들이 충돌하는 모습을 보게 되죠. 볼로그는 그냥 지나치지 않고 저들이 왜 파업을 하는지 살펴봐요. 노동자들의 임금이 절반으로 깎여 가족들이 굶주리게 되어 어쩔 수 없이 이런 투쟁을 할 수밖에 없다는 것을 알게 되고 배고픔이 없는 사회를 만들면 좋겠다는 생각을 합니다.

볼로그가 운동선수이다 보니 체중 감량을 자주 해야 하는데 며칠 동안 쫄쫄 굶다 보니 굶주림이라는 것이 얼마나 힘들고 위험한지 본인이 더 잘 알고 있었던 거죠.

>>>> 노먼 볼로그

볼로그는 졸업을 앞두고 일자리를 찾다가 산림청 소속 공무원
으로 산불 감시 및 산림 관리자에 자리가 나서 들어가려고 했죠.
하지만 산림청 예산이 경기가 안 좋아지면서 삭감되어 그 자리에
갈 수가 없게 되었어요. 취업하게 되면 4학년 2학기 수업은 거의

최준영의 교과서 밖 인물 연구소

안 들어도 됐지만 딱히 취직할 곳이 없었던 볼로그는 마지막 학기까지 수업을 듣게 됩니다. 그때 식물병리학이라는 과목을 수강하게 돼요. 볼로그는 이 수업을 통해서 많은 지식을 얻게 되고 또 관심을 두게 됩니다. 특히 주변인 미네소타나 아이오와에서 많이 재배하는 밀에서 발생하는 병충해의 일종인 녹병에 대해서 알게 됩니다. 밀이 이 녹병에 걸리지만 않으면 더 많은 수확량을 얻게 되고, 그러면 많은 사람이 굶주리지 않아도 되겠다는 생각을 하게됩니다. 그래서 '내가 이것을 한번 고쳐 봐야겠다.'라고 생각하죠. 그리고 볼로그는 대학원 진학을 결심하게 됩니다. 이때부터 본격적으로 식물병리학이라는 분야를 공부하게 돼요. 그리고 1940년대 초에 공부를 마치고 지금도 유명한 화학 회사인 '듀폰Du Pont'이라는 회사의 생화학 연구실에서 일하게 됩니다.

이 시기는 제2차 세계대전이 벌어지던 시기라 볼로그도 전쟁에 참전해야 했지만 직접 전투에 참여하는 대신 전쟁에 사용되는 각종 물질과 재료들을 개발하는 데 투입이 되었어요.

멕시코의 굶주림 해결에
뛰어들다

그러던 와중에 1940년, 미국의 록펠러 재단이라는 곳에서 농업 전문가를 멕시코에 파견해 그곳 사람들을 굶주림에서 벗어나게 하는 농업 관련 프로젝트를 시작하게 됩니다. 그리고 볼로그는 자신의 지도 교수님 추천으로 이 프로젝트에 참여하게 됩니다.

이 록펠러는 석유를 통해서 어마어마한 돈을 모은, 인류 역사상 가장 큰돈을 벌었던 사람이라고 할 수 있어요. 록펠러는 이렇게 많은 돈을 모으게 된 후, 재단을 설립해서 교육 연구 활동을 지원합니다. 특히 농업 분야에 관심이 많았는데 많은 사람이 굶주림에서 벗어나게 하겠다는 것을 본인의 소명으로 생각하고 있었어요. 따지고 보면 결국 우리나라도 록펠러 재단의 지원 덕분에 굶지 않고 살게 됐다고 말할 수도 있습니다.

하지만 볼로그가 1940년대에 마주친 멕시코는 도대체 어디서부터 문제를 해결해야 할지 길이 보이지 않는 낙후된 나라였어요. 사막처럼 막막한 느낌이었습니다.

품종개량에 힘쓰는
볼로그

볼로그는 우선 배고픔을 해결하기 위해 이 지역에 잘 맞는 품종을 만들어야겠다고 생각했어요. 식물의 품종을 새로 만드는 방법은 여러 가지가 있지만, 가장 기본적으로 A라는 종과 B라는 종을 교배해서 새로운 C라는 품종을 만드는 건데 이러한 실험은 한 번 할 때마다 1년이 지나가요. 실험해서 곡식이 나오면 겨울이 지나고 봄이 와야 뿌려 보고 또 그 결과, 곡물이 많이 달렸는지 키는 큰지 알 수 있는 거죠. 1년에 한 번씩 해서는 시간이 너무 오래 걸려요.

볼로그가 연구하는 작물은 밀이었어요. 밀은 파종 시기에 따라 겨울밀과 봄밀로 나뉘는데 이 두 종류의 밀을 각각 수천 킬로미터 떨어진 높은 고원 지역과 낮은 해안 지역, 이렇게 동시에 심으면 1년에 2번 수확할 수 있지 않을까 생각하게 됩니다. 그러면 연구의 속도를 2배로 올릴 수 있는 거죠.

사실 이런 식의 연구는 그전에는 해 본 적이 없었어요. 그리고 곡물을 재배하려면 그 곡물이 자라기 제일 좋은 환경을 갖춘 지역에서 해야지 다른 지역에 가서 이런 식으로 한다는 것은 생각도 못했죠. 그런데 볼로그는 이것을 단순한 과학 연구로 생각하지 않았어요. 사람들을 굶주림에서 벗어나게 해 주는 임무라고 생각했기 때문에 동원할 수 있는 모든 방법을 총동원해 다양한 방법으로 시도해 보려고 노력했죠.

하지만 여기저기서 반발이 있었어요. 통상적인 룰을 따르지 않는다는 이유로 그렇게 할 거면 그만두라는 얘기가 나왔죠. 그러자 볼로그는 미련 없이 사표를 던지고 나왔어요. 하지만 볼로그가 나가 버리자 식물병리학자가 아무도 없게 됐죠. 결국 다시 볼로그를 받아들이고 그의 방법대로 프로젝트를 진행하게 되었어요.

볼로그는 한 번에 2개씩 교배하는 방식에서 벗어나 다양한 밀 수백, 수천 종을 모아서 여러 가지를 한꺼번에 교배시키는 방법을 도입했어요. 그러니 훨씬 빠르게 품종을 만들 수 있었겠죠.

하지만 이렇게 많은 종의 품종을 하나씩 교배하기 위해서는 엄청난 노력이 필요해요. 들판을 빼곡히 메운 벼나 밀을 보면 아주 작은, 눈에 잘 보이지도 않는 꽃들이 피어요. 그러면 그 꽃에서 암술은 건드리지 않고 수술만 딱 떼어 내요. 그다음에 여기에 다른 종의 수술을 가지고 와서 이 암술과 접촉시켜 교배를 하는 거죠.

이게 이론적으로는 '그렇게 하면 되는구나.' 생각하겠지만 눈에 잘 보이지도 않는 작은 꽃들을 하나씩 일일이 교배시킨 다음 또 다른 것과 섞이지 않게 거기에 아주 작은 종이봉투도 다시 씌워 줘야 해요. 이렇게 한다고 해서 또 바로 성과가 나오는 것도 아니죠. 하루 수백, 수천 개에 같은 작업을 반복합니다. 이렇듯 지리하고 힘든 일을 몇 년 동안 반복하면서도 볼로그는 이 지역에 적합한 많은 식량을 생산할 수 있는 품종을 개량하기 위한 작업을 멈추지 않습니다. 정말 대단한 의지를 가진 볼로그지요.

강한 의지로
품종 개발 성공하다

품종개량 같은 경우 인생에 몇 번 작품을 내서 한두 번만 성공해도 대단한 결과를 내는 거죠. 그래서 1952년이 되자 볼로그의 실험장에는 4만 종의 품종이 자라게 됩니다. 그리고 다시 4년이 지나 1956년에는 녹병에 강한 품종 40종이 나왔어요. 녹병이라는 병을 고치겠다고 했는데 아예 병에 걸리지 않는 품종을 만들어 낸 거죠.

그런데 문제가 있었어요. 작물은 사람과 달라서 키가 크면 쉽게 넘어져요. 바람이 불거나 비가 오면 더욱 쉽게 넘어져 버리죠. 그래서 이렇게 키가 큰 곡물들에는 비료를 많이 주면 곡식이 더 많이 열리는 게 아니고 키만 쑥쑥 커버려요. 그래서 곡물들은 키가 작은 게 좋아요.

그래서 키가 작은 종을 구해서 또 서로 교배를 시켜 봅니다. 하지만 서양에서 재배하는 품종들은 모두 키가 컸어요. 볼로그는 돌파구가 보이지 않는 상황에 부닥치게 됩니다. 그때 지구 반대편에서 구원의 손길이 날아왔어요. 1935년 일본의 밀 육종가인 곤지로 이나주카가 미국의 밀 품종과 일본의 길이가 짧은 '반왜성' 야생 품종을 교배해서 '노린 10호'라는 품종을 개발했던 거죠. 사람 키만큼 자라던 밀이 60센티미터에서 커 봐야 1미터 정도로 작아진 거예요. 사람들은 아주 신기해했죠. 그리고 이것은 제2차 세계대전이 끝나고 미국으로 넘어가게 됩니다. 이제 이 품종을 그냥 바로 심으면 될 것 같았는데 이 종은 미국에 많이 퍼져 있는 녹병에 아주 취약했어요. 그래서 볼로그는 이 품종과 자신이 개발한 녹병에 강한 품종을 교배해 보고자 1957년부터 본격적으로 실험에 착수했죠. 그래서 키도 작고 녹병에도 강한 그리고 수확량도 대폭 늘어나는 슈퍼 품종을 만들겠다는 의지를 보입니다. 그리고 1962년, 멕시코로 온 지 20년째 되는 해에 볼로그는 드디어 새로운 품종 '소노라 64호'라는 품종 개발에 성공합니다. 원래 멕시코에서 키우던 밀이 1에이커, 그러니까 약 4제곱미터 면적당 잘 크면 한 2톤 정도의 밀을 생산했는데 새로운 품종은 4톤, 즉 2배가 더 나오는 거예요. 병에도 안 걸리고 말이죠.

자연의 생물종들은 서로 다 다른 특성이 있어요. 그래서 이 특성들을 레고 블록처럼 잘 조합하면 우리가 원하는 품종을 만들 수 있는 거예요. 그래서 요즘 뉴스에 보면 "유전자 가위"라는 말이 나오잖아요. 오늘날에는 유전자를 직접 잘라서 붙이고, 스위치를 껐다 켰다 하면서 새로운 품종을 만드는 과정을 빨리 진행하죠. 하지만 예전에는 이러한 과정들이 결과도 불확실하고 정말 오래 걸렸어요.

볼로그는 과학적 지식도 있었지만 강한 인내력을 통해서 이러한 작업을 끝없이 반복하면서 결국 자신이 원하는 품종 개발에 성공했던 거죠. 20년이라는 세월을, 어떻게 보면 인생의 황금기를 이렇게 품종 개발로 보낸 겁니다.

그런데 이 개발에 우리나라도 참여했다는 이야기가 있습니다. '일본에서 개발했던 노린 10호가 원래 우리나라에 있던 앉은뱅이 밀에서 유래된 것'이라는 주장이 있어요.

일본은 20세기 초반, 우리나라를 침략해 각종 작물을 수집해서 분류하고 정리하는 작업을 했어요. 이때 키가 작은 품종의 특성에 주목하면서 이 품종을 일본에 가져갔고 그것이 노린 10호가 되어서 미국과 멕시코로 건너가 소노라 64호가 되었다는 이야기가 있습니다. 이게 사실인지에 대해서는 아직 정확하게 밝혀지지는 않았어요.

아시아의 기근에 눈 돌리다

볼로그가 이렇게 멕시코의 식량문제를 해결해 주는 사이 지구의 반대편인 아시아에서는 대규모 기근이 계속 발생하고 있었어요.

1960년대 초반, 식민지에서 독립한 아시아의 많은 국가들은 폭발적으로 인구가 늘어나고 있었지만 식량 생산은 뒷받침해 주지 못하고 있었어요. 그래서 이 문제를 해결하기 위해 미국은 우리나라를 비롯한 아시아 국가들에 많은 식량을 원조해 주었지만 인구 증가 속도가 워낙 빨랐기 때문에 이것으로는 역부족이었어요.

그래서 당시에 『인구 폭탄The Population Bomb』이라는 책이 발간되기도 했습니다. 생물학자 폴 애를리히Paul R. Ehrlich가 쓴 책으로 '급증하는 인구가 필요로 하는 식량을 공급할 수가 없다. 결국은 이 지구가 감당할 수 없다. 그래서 1970년대, 늦어도 1980년대에 이르면 결국 인류의 수십억 명의 사람들은 기아로 사망할 것'이라는 내용으로 어떻게 보면 디스토피아dystopia적인 미래 예언서였어요. 당시에는 이 책의 내용이 현실로 다가오지 않을까 염려하는 분위기가 팽배했어요. 하지만 어떻게 그렇게 사람이 죽어 가도록 내버려 두냐, 말도 안 된다며 뜻을 함께한 사람들의 조직이 등장하기 시작했죠. 결국 록펠러 재단이 다시 한 번 나서서 볼로그를 비롯한 과학자들에게 가장 시급한 인도로 가서 힘써 달라고 부탁하게 됩니다.

인구가 가장 많은 나라인 인도나 파키스탄의 경우 1960년대 상황은 차마 눈 뜨고 볼 수 없는 비극적인 상황이었어요. 굶주림과 가난 그리고 체념과 무기력이 공존하는 그런 공간이었죠. 게다가 다양한 질병들이 번지고 있었어요.

그런데 볼로그는 이러한 절망적인 상황을 둘러보고 '극복할 수 있어! 문제를 해결할 수 있어!'라고 생각했습니다. 그리고 멕시코에서처럼 단순히 품종개량 차원이 아니라 인도라는 나라의 농업 시스템 전체를 바꿔야 한다고 판단했어요.

하지만 이게 쉬운 일은 아니었어요. 인도는 이런 볼로그의 계획과 노력을 거부하는 분위기였거든요.

1963년, 록펠러 재단은 멕시코에 '국제 옥수수 밀 연구소'를 만들었어요. 이곳에서 여러 나라에서 온 사람들을 교육하고 있었죠. 하지만 인도는 이러한 미국이 주도하는 시스템에 대해서 불신의 눈초리로 대하고 있었어요. '무슨 꿍꿍이가 있는 게 아닐까? 진짜 우리를 위해 도와주려는 걸까?' 하며 의심했죠.

당시 인도는 미국보다는 소련과 더 친밀한 관계를 형성하고 있었어요. 그러다 보니 미국이 하는 여러 가지 행동에 대해서 좋게 받아들이지 않았던 것입니다.

게다가 당시 인도 엘리트나 지배 계층들은 적절한 기근이 필요하다고까지 생각하기도 했어요. 그들은 '사람들이 배고픔에서 벗어나 배가 부르게 되면 또 다른 요구들을 할 거다. 그렇게 되면 취약한 인도의 사회질서가 무너질 것이고, 그럼 결국 자기들이 주도하는 정부 조직과 국가 시스템이 붕괴하여 더 큰 비극이 찾아올지도 모른다.'라고 생각했던 거죠.

이러한 주장이 말이 안 된다고 생각할 수 있지만 현재의 대한민국에서도 이러한 사고 찾아볼 수 있습니다. 예를 들어서 "군인들이 편해지면 다른 생각을 한다. 그래서 끊임없이 일을 시켜야 한다."라고 이야기하는 사람이 있습니다. 그렇게 보면 1960년대의 인도와 요즘의 대한민국이 비슷한 면도 있네요.

볼로그는 인도의 관리들을 직접 만나서 여러 가지 설명을 하며 설득했지만 불가능하다고 판단했어요. 그래서 작전을 바꿨습니다.

볼로그와 록펠러 재단은 인도의 라이벌인 파키스탄을 이용하기로 해요. 상대적으로 미국에 우호적이었던 파키스탄이 식량 생산이 대폭 늘어나고 자급자족에 이르는 모습을 보여 주면 당연히 인도의 생각도 바뀌겠다고 판단한 거죠.

그래서 볼로그는 일단 자신이 가장 자신 있는 품종개량을 하기 시작합니다. 파키스탄 지역은 원래 농사가 잘되는 지역인데 이 지역에 더 적합한 새로운 품종을 개발해서 보급해 줬어요. 이와 더불어 물이 잘 빠지도록 하는 배수 설비, 그리고 물을 댈 수 있는 관계 설비 등을 개량하는 작업도 함께 진행했습니다.

그리고 농민들의 역할도 중요했어요. 농민들이 씨를 뿌리고 수확할 때 옛날식으로 하면 생산량이 늘어날 수가 없잖아요. 새로운 농기계가 필요했습니다. 하지만 가난한 농민들이 당장 살 수 있는 능력이 되지 않으니 금융 지원을 할 수 있도록 여러 기관의 도움을 받습니다. 그다음에 수확한 밀이 제때 잘 팔려서 높은 가격을 받아야 농민들이 계속 농사를 지을 생각을 하겠죠. 그러려면 수송이 잘 되어야 해요. 그래서 도로도 만들고 다리를 만드는 일을 합니다. 팔다 남은 것들은 보관해야 하니 창고도 만들어야 했고 비료나 농약을 생산할 수 있는 시설들 역시 파키스탄 내에 만들어야 했어요.

그냥 농사만 잘 지으면 될 것 같은데 준비해야 할 부분이 한둘이 아니었어요. 우리가 농업은 개도국 산업이라고 생각하지만 잘 들여다보면 농업은 진정으로 선진국 산업입니다. 왜냐하면 비가 오든 말든 상관없이 물을 댈 수 있고, 비가 많이 오면 물을 뺄 수 있는 관개시설이 필요하고, 또 넓은 지역을 다 토지로 바꾸고 경사도 맞추고 배수로도 파야 해요. 이것은 엄청난 토목 사업의 결과물이죠. 수확한 곡식은 짧게는 몇 달, 길게는 몇 년씩 보관해야 하니 창고도 만들어야 하고, 신선하게 보관하기 위해 창고는 저온 상태를 유지해야 해요. 그러기 위해서는 여기에 에어컨, 온도 조절 설비 등이 들어가야 하고 그만큼 전기료도 부담해야 하거든요.

우리가 들판에서 벼를 다 걷고 난 다음 바라보는 풍경은 평범해 보이지만 사실 개발도상국들로서는 꿈도 꾸지 못할 만큼의 엄청난 비용과 자원이 수십 년 동안 투자된 결과물입니다. 개인의 노력으로 나아질 수 있는 면도 분명히 있지만 그것은 상당히 제한적이겠죠.

볼로그는 파키스탄의 성과를 토대로 인도의 경제를 담당하는 부총리와 치열한 논쟁을 펼쳤습니다. "파키스탄도 이렇게 성공했으니 인도도 하면 된다. 나를 믿어라." 이렇게 설득한 끝에 뒤늦게 인도도 동참하기로 했어요.

그래서 볼로그가 개발한 새로운 품종을 미국에서 가지고 와 뿌리기 시작했는데 하필 타이밍이 잘 안 맞았어요. 원래 농사라는 건 하늘의 때를 맞춰야 하는데 그 시기가 좀 늦었던 거죠. 더군다나 미국에서 인도로 넘어온 다음, 또 인도의 여러 지역으로 분배되는 과정에서 보관 상태가 좋지 못했던 거예요. 그러다 보니 싹을 제대로 틔우지 못했어요. 농민들의 불만이 많아졌죠. '큰일 났다. 이거 망했다.'라고 사람들이 생각하고 있을 때 볼로그는 현장을 쭉 둘러보고 처방을 내립니다. "비료를 평소보다 3배 이상 많이 뿌리세요." 늦게 뿌렸으니까 영양분을 훨씬 많이 주면 늦춰진 속도를 따라잡을 수 있을 거라고 생각을 한 거죠.

사람들은 과연 이게 가능할까 반신반의하며 일단은 볼로그가 시키는 대로 했어요. 불안한 마음으로 비료를 3배 이상 뿌렸는데 놀라운 성과가 나타나기 시작했어요.

여러 가지 에피소드를 겪으면서 첫 번째 수확을 해 보니 그전보다 생산량이 70퍼센트가 증가했어요. 그리고 그다음에는 98퍼센트, 두 배가 증가했습니다. 비료를 늘리는 방법이 적중했던 거예요.

인도 정부는 이런 성과를 확인하고 추가로 멕시코에서 종자 18,000톤을 주문했습니다. 이번에는 타이밍을 놓치지 않기 위해서 비행기로 실어 와서 전국에 배포했어요. 인도가 이렇게 열심히 하는 모습을 보고 파키스탄도 이에 질세라 42,000톤의 종자를 주문했어요. 인도와 파키스탄이 경쟁적으로 농업에 투자하고 생산량 증대에 나서면서 1968년, 파키스탄은 처음으로 곡물 자급에 성공했습니다. 그리고 6년이 지난 1974년, 인도도 드디어 성공했고요. 불과 10년 만에 엄청난 성과를 거두었지요.

하지만 이러한 과정을 통해서 모든 사람이 굶주림에서 벗어나 골고루 다 잘 먹었으면 좋겠지만 그 안에서도 또 가난하든지 아니면 운송 상황이 좋지 않아서 못 먹는 사람들이 있었어요. 그래서 영양 결핍이 없어진 건 아니었어요. 하지만 그 비중이 39퍼센트에서 22퍼센트로 거의 절반 가까이 줄어드는 성과를 보입니다.

인도와 파키스탄이 이런 식으로 식량문제를 극복하고 많은 인구가 점점 좋은 삶으로 향하는 모습을 본 중국도 농업정책을 전환하기 시작했습니다. 그래서 품종개량, 기반 시설 구축에 본격적으로 나서기 시작하면서 중국은 더 좋은 성과를 냈어요. 영양 결핍 비율을 짧은 시간에 52퍼센트에서 12퍼센트로 줄일 수 있었던 거죠.

그럼 생산량이 증대한 만큼 농지도 많이 늘어났을까요?

그렇게 생각하기 쉬운데 볼로그가 주도한 밀 혁명의 가장 큰 특징은 농지 면적은 별로 늘지 않았다는 데 있어요. 인도의 경우 경작지 단위면적당 수확량이 150퍼센트 증가했고, 중국은 300퍼센트 증가했습니다. 만약 그냥 경작 면적을 늘려 생산량을 이만큼 증가시키려 했다면 지금 미국의 캘리포니아주만큼의 넓은 땅이 필요했을 거예요.

녹색혁명으로
많은 사람을 살리다

1960년대 전문가들은 1970~80년대 대규모 기아 사태가 벌어질 거라고 예언했는데, 볼로그는 좌절하지 않고 녹색혁명을 이루어 내서 수많은 인류의 목숨을 구해 낸 거죠. 대부분 사람이 불가능하다고 했지만 볼로그는 포기하지 않고 뚜렷한 목표를 가지고 그것을 달성하기 위해 끝까지 노력했어요. 우리가 살면서도 이 '노력'이 중요하다는 경험을 종종 하게 됩니다. 모든 걸 바꿔 놓을 수는 없지만 조금씩 변화되고 긍정적인 결과가 나오다 보면 그다음 단계의 일을 또 할 수가 있는 거죠. 그렇게 볼로그는 결국 새로운 역사를 써 내려가게 됐던 겁니다.

1968년 당시, 미국국제개발처^{USAID} 처장이던 윌리엄 가드^{William}
^{Gaud}는 "농업 분야에서 아시아 등에서 밀과 쌀의 새로운 품종이 빠
른 속도로 보급된 것은 새로운 혁명의 가능성을 내포한다. 과학
과 기술이 가능하게 해 준 이 혁명을 나는 '녹색혁명'이라고 부르
고 싶다."라고 이야기했어요. 그래서 이것이 녹색혁명이라는 단어
가 만들어진 시초였고 지금은 고유명사처럼 되었죠. 볼로그가 개
발한 신품종과 도입했던 여러 가지 농법, 이런 것들이 결합하면서
인류가 섭취할 수 있는 열량을 순식간에 23퍼센트 증가시켰으니
정말 볼로그는 녹색혁명을 이끈 선도자라고 볼 수 있었죠.

오늘날에도 기아에 허덕이는 국가와 사람들이 있어요. TV에서
도 많은 원조나 구호단체들이 지원해 달라고 호소하고 있죠. 하지
만 지금의 기아 문제는 1960년대와는 달라요. 당시에는 식량 자체
가 부족했던 거고 지금은 식량이 부족하기보다는 전쟁과 내전 등
으로 공급 시스템이 단절되고 정부가 무너지고 또는 잘못된 정책
을 집행하면서 발생하게 되는 문제죠. 현재 세계 인구수는 80억
명을 향해 달려가고 있습니다. 하지만 그 인구가 먹고도 남을 만
큼의 많은 식량이 오늘날에는 생산되고 있어요.

볼로그,
노벨평화상을 받다

볼로그는 그렇게 본인이 해야 할 일을 마치고 다시 멕시코로 돌아와서 자신의 농장에서 여러 가지 실험들을 계속 이어 가고 있는데 1970년 10월 20일, 그의 농장에 갑자기 놀라운 소식이 전해집니다. 그에게 노벨평화상을 수여한다는 소식이었어요. 밀과 빵이 세계 평화에 기여했다고 인정해 주는 노벨상위원회의 평가였던 거죠. 어떻게 보면 '굶지 않고 살아간다'는 것은 사람이 생존하기 위해서는 당연한 것이지만 또 한편으로 보면 인권, 기본권을 챙기는 가장 중요한 기본 조건인데 볼로그는 이 문제를 해결하는 데 가장 큰 기여를 했다고 본 것입니다.

볼로그는 노벨상을 받으면서 "전 세계 인구를 부양하려는 노력을 멈춰서는 안 된다."라고 강조했어요. 좌절하지 말고 우리는 문제에 맞서야 한다고 이야기했죠. 볼로그에게 있어서 정의로운 사회란 결국 모든 인류가 굶주리지 않고 적당한 음식을 제공받을 수 있는 것이었습니다.

사실 그렇죠. 우리가 아무리 추상적으로 높은 가치를 이야기한다고 하더라도 가장 기본적인 식량이 없어서 굶어 죽는 상황이면 모든 게 다 소용없는 거죠.

최준영의 교과서 밖 인물 연구소

>>>> 노먼 볼로그

그래서 볼로그는 평화를 원한다면, 정의를 구현하려면 더 많은 밀, 더 많은 빵을 생산해야 한다고 이야기하기도 했습니다. 잘 먹는 것만큼 중요한 건 없으니까요.

반대의
목소리

모두가 이러한 볼로그의 이야기에 귀를 기울이고 함께 노력했을 것 같은데 시간이 갈수록 그에 대한 비판도 많아졌어요.

왜냐하면 볼로그가 개발한 품종 그리고 수확량을 늘리기 위해서 도입한 여러 가지 농업 시스템은 그전보다 훨씬 많은 비료, 살충제가 필요했기 때문이에요. 경작지에 뿌려진 비료들은 결국 하천으로 흘러 들어가서 그 안에 있는 작은 미생물, 특히 조류들을 너무 많이 성장하도록 했어요. 그러다 보니 물속에 산소가 고갈되는 일들이 생기고 물고기가 떼죽음을 당하는 일이 여기저기서 생겨났습니다. 이러한 현상을 '부영양화'라고 하는데 이러한 수질오염이 곳곳에 나타나고 살충제 역시 하천으로 유입되면서 환경오염을 유발했던 거죠.

환경 단체, 환경주의자들의 계속되는 주장과 비난에 볼로그는 피하거나 변명하지 않았어요. 그의 말에 따르면 "환경 로비스트"

라고 이야기했는데 이들은 지독한 엘리트주의가 많다고 이야기했던 거죠. "당신들은 굶는다는 게 얼마나 무섭고 두려운지 모르는 존재들이다."라고 이야기하며 맞섰어요. "워싱턴이나 유럽의 브뤼셀에 앉아서 식량 1그램이라도 만들어 본 적이 있느냐? 쓸모없는 존재다!"라고까지 이야기했던 겁니다. "비참한 개도국 사람들 사이에서 한 달만 당신들이 생활해 봐라. 그러면 당연히 더 많은 비료를 갖고 와라, 제초제를 갖고 와라, 관개시설을 마련해 달라고 요구할 거다. 그런데 당신들은 그런 상황에 놓여 있지 않기 때문에 그런 한가로운 이야기를 하는 것이다."라고 반박했습니다.

가만히 생각해 보면 양쪽 다 틀린 말은 아니에요. 오늘날 우리나라에서도 유기농업이 더 맞고 정당하다는 이야기를 종종 합니다. 그래서 더 많은 유기농을 생산하려고 노력하는데 가만히 생각해 보면 유기농업으로 우리가 필요로 하는 식량을 생산하기 위해서는 지금보다 훨씬 넓은 농지가 필요해요. 볼로그가 계산해 봤는데 1961년 농업기술로 1999년에 생산한 양의 곡물을 생산하려면 미국 전체 면적과 비슷한 20억 에이커의 면적이 더 필요하다고 했던 거죠. 그런데 그만큼의 땅이 없어도 비료와 농약, 그리고 다양한 농업기술의 발전을 통해서 많은 지역이 농지가 아닌 자연 상태로 남아 있을 수 있는 거죠. 그래서 따져 보면 이게 오히려 더 긍정적으로 기여하는 게 아니냐고 이야기합니다.

우리는 언젠가부터 농약과 비료 사용을 너무 백안시하는데 무조건 많이 쓰는 게 문제지 필요한 곳에 적당하게 사용하는 건 오히려 도움을 줍니다. 그래서 과거에는 농사를 지을 때 사용할 비료와 농약의 양을 단지 농민들의 감과 경험에 의존했지만, 요즘에는 과학기술의 발전으로 각종 센서, 데이터 분석 등을 통해 훨씬 적은 양을 쓰고도 더 높은 생산력을 올릴 수 있는 농업 방법, 즉 정밀 농업이 등장하고 있어요.

가령 물 같은 경우에도 그냥 스프링클러로 뿌려 주는 게 아니고 식물의 뿌리마다 물이 똑똑 떨어질 수 있게 미세한 관을 설치해서 꼭 필요한 양만큼 공급하고 있어요.

아프리카로 향한
볼로그

1980년대, 볼로그는 이제 좀 쉬고 싶었지만 또다시 인류의 부름을 받아 이번에는 사하라 사막이 있는 아프리카로 갑니다. 그때 볼로그의 나이 72세였어요. 식량문제를 해결하기 위해 그곳으로 간 그는 어디가, 어떻게, 무엇이 문제인지를 진단하는 작업을 먼저 시작해요. 그러고는 아프리카는 기반 시설이 없는 문제점을 발견하죠.

농업은 선진국 산업이라고 앞서 언급했었습니다. 많은 토목 자원들이 필요한데 아프리카에는 그런 게 없었어요. 식량을 운반할 방법이 없는 거예요. 그러니까 바로 옆 동네에 식량이 넘쳐 나도 그다음 동네에는 굶어 죽는 사람이 나오는 상황이 발생했던 거죠.

이와 더불어 아프리카 지역에는 밀이 잘 맞지 않는다는 판단을 내립니다. 그래서 밀 말고 생산성이 더 좋은 다른 곡물을 재배하는 것이 좋겠다고 판단을 하죠.

그런데 아프리카라는 대륙은 우리가 지도상으로 보는 것보다 훨씬 커요. 지도에서 보면 대륙들이 극지방으로 갈수록 면적이 기하급수적으로 커져요. 그래서 아프리카는 상대적으로 작아 보이는데, 이 대륙의 크기는 러시아 전체, 미국 다 합한 것보다 큽니다. 어마어마하게 큰 지역이죠.

그러다 보니 모든 나라를 한꺼번에 해결할 수는 없고 우선 '가나'라는 나라를 대상 지역으로 선정해서 1987년부터 볼로그는 자신이 갖고 있던 여러 가지 노하우를 동원해 농업 혁신 기술을 도입하기 시작했습니다. 그래서 불과 4년 만인 1991년, 가나는 식량을 자급하게 되었고 몇 년 후부터는 주변 국가에 식량을 수출할 수 있게 되었어요. 이것이 가능할 수 있었던 건 밀이 아닌 다른 곡물, 바로 옥수수를 동원했던 거예요.

옥수수는 단위면적당 가장 많은 소출을 내는 작물입니다. 그런데 옥수수만 먹으면 영양소 결핍으로 인해서 몸에 부작용이 생기는데 이 문제를 해결하기 위해 그 요소를 같이 첨가한 품종을 개발했던 것이죠.

하지만 볼로그의 노력에도 불구하고 아프리카 대륙은 아직도 고질적인 종족 간 분쟁, 내전 그리고 대규모의 난민이 계속 발생하다 보니 제대로 된 농업 개혁을 달성하기가 참 어려웠어요. 그래서 볼로그의 시도는 아프리카에서 일부 성과를 거뒀지만 다른 나라로 크게 퍼지지는 못했던 거죠.

세계인을 살린
볼로그

볼로그는 그 이후에도 왕성한 활동을 전개하고 여러 나라를 다니면서 녹색혁명에 대한 지치지 않는 의지를 불태우지만 결국 2009년 9월 12일, 95세의 나이로 세상을 떠나게 됩니다. 돌이켜 생각해 보면 볼로그가 태어났을 때 세계 인구는 17억 명 정도였어요. 노벨상을 받았을 때가 37억 명 그리고 지금은 80억 명에 달하죠. 누구도 이 많은 인구를 다 먹여 살릴 거라고는 생각을 못 했을 거예요. 하지만 볼로그는 과학기술에 기반한 생명공학적 방식 그리고 전통적인 지혜, 이런 것들을 모두 총동원해서 끊임없이 연구하고 노력해야 한다고 이야기했습니다.

우리는 어떤 순간에 그런 생각이 종종 들 때가 있어요. '그게 맞아? 그게 옳은 방법이야?' 옳고 그름을 따지는 데 정신이 팔려서 정작 그 문제 해결 자체에는 소홀해지는 경우가 종종 있습니다. 해결해야 할 문제가 뭔지, 그다음 그 문제를 해결하기 위해서 무엇을 해야 하는지 집중해야 하는데 우리는 언제부터인가 너무 과도하게 추상적 가치에 신경을 쏟고 있는지도 모르겠다는 생각이 들어요.

볼로그의 실사구시實事求是 자세 그리고 정면 승부, 도전 정신은 우리가 꼭 배워야 할 자세입니다.

우리나라도 '통일벼'라고 하는 허문회 교수님이 만든 쌀 덕택에 최소한 쌀밥은 자급자족하고 먹을 수 있는 환경이 되었고, 그 이후 딸기라든지 여러 가지 좋은 품종을 개발하여 우리나라에서 수출하고 있는데 이러한 분들의 노력과 업적에 대해서 우리는 너무 소홀하게 지나치고 있는 게 아닌가 하는 아쉬움이 있습니다.

05

은여우 길들이기 프로젝트

드미트리 벨랴예프와
류드밀라 트루트

Dmitry Konstantinovich Belyayev (1917~1985) &

Lyudmila Nikolayevna Trut (1933~)

세상에는 수많은 동물이 인간과 함께 살아가고 있습니다. 그중 집에서 키우기가 가능한 동물, 사람들에게 필요한 동물들을 가축으로 분류하여 기르고 있는데, 일반적으로 가장 많이 기르는 동물이 돼지, 소, 닭, 토끼 등이 있고 반려동물이라고 부르는 강아지, 고양이 등이 있습니다. 이 가축들은 여러 가지 특징들이 있지만 공통으로 사람 말을 잘 듣고, 새끼를 1년 동안 여러 차례 낳을 수 있는 특징도 있어요. 그런데 생각해 보면 수많은 동물 중 정작 우리가 집에서 기를 수 있는 동물은 몇 종류 되지 않습니다.

이러한 반려동물과 야생동물에는 묘한 차이가 있습니다. 모든 동물이 새끼 때는 다 귀엽다고 하잖아요. 이 귀여운 얼굴이 반려

동물이면 커갈수록 몸집만 커지지 그 귀여운 얼굴은 계속 남아 있어요. 하지만 야생동물일 경우에는 새끼일 때만 나타나는 특징이 크면서는 사라져 버리죠.

이러한 것에 궁금증을 가지고 연구한 사람이 있는데 바로 러시아의 드미트리 벨랴예프와 류드밀라 트루트입니다. 두 사람은 이 하나의 목표를 향해서 수십 년 동안 달려왔습니다.

벨랴예프와
유전학을 공부한 형 니콜라이

벨랴예프는 1917년, 모스크바 남쪽 포르타소보라는 조그만 마을에서 태어났습니다. 아버지는 목사님이었어요. 당시에는 러시아혁명도 일어나고 볼셰비키가 공산주의 혁명에 성공해서 러시아가 최초의 사회주의 국가가 되는 상황이었죠. 볼셰비키 정권 특성상 종교는 박해 대상이었어요. 그러다 보니 목사인 아버지의 영향으로 자식들도 박해를 받았죠. 아버지는 고민하다가 1927년, 수도인 모스크바에 있는 친척 집에 벨랴예프와 여덟 살 많은 형 니콜라이를 유학을 보냅니다. 대도시는 마구잡이식 탄압이 좀 덜 했다고 해요.

형은 공부를 무척 잘해서 모스크바 국립 대학교에 입학합니다.

그리고 유전학을 전공해요. 그의 능력이 워낙 탁월해서 러시아 내 유전학자들 사이에서 촉망받는 선두주자로 떠오르게 돼요. 니콜라이는 동생 벨랴예프를 매주 토론회나 세미나에 데리고 다녔어요.

1929년, 니콜라이는 학교를 졸업하고 중앙아시아에 있는 누에 연구소에 발령을 받게 됩니다. 당시 혁명 이후 여러 가지로 어려움을 겪던 소련으로서는 국민을 잘 먹이는 게 시급했고, 외국에 무언가를 팔아서 필요한 물건을 사 와야 했어요. 그 대표적인 것이 바로 '실크'였습니다. 바로 누에가 실크를 만드는 곤충이죠. 그래서 누에는 소련으로서는 굉장히 중요한 자원이었어요.

니콜라이가 중앙아시아까지 동생을 데리고 갈 수는 없었기 때문에 벨랴예프는 모스크바에 남게 됩니다. 하지만 이때부터 출신성분을 따지던 분위기라 벨랴예프는 모스크바 국립 대학교에 진학하기가 힘들었어요. 하지만 형과 함께 유전학을 공부하고 싶었던 벨랴예프는 국립 농업학교인 이바노바라는 학교에 입학합니다.

형인 니콜라이는 중앙아시아 연구소에 들어가 유전학 분야에서 뛰어난 학자로 성장을 합니다. 하지만 소련에서는 그 당시 유전학 전문가들을 탄압하는 리센코가 있었지요. 결국 1937년, 반혁명 분자로 몰려 체포되어 같은 해 11월 10일에 처형되고 맙니다. 유전학을 둘러싼 학문은 정치권력이 개입되면서 비극적인 사건이 많이 벌어졌어요.

은여우를 연구하게 된
벨랴예프

벨랴예프도 유전학 쪽이었지만 다행히 실용적인 분야에 종사하고 있었기 때문에 유전학 전공자로 분류되지는 않았어요. 그는 소련의 주요 수출품이었던 모피 동물인 밍크 같은 동물의 품종개량을 위한 중앙연구소의 실험 기사로 근무하고 있었습니다. 벨랴예프가 주로 다루던 동물은 은여우였어요.

오늘날에는 난방도 잘 되고, 가볍고 세탁하기도 편리한 합성섬유가 잘 만들어지기 때문에 굳이 겨울철에 이렇게 동물의 털인 모피를 입을 일이 많지 않아요. 최근에는 동물 학대로 더욱 모피에 대한 인식은 좋지 않죠.

하지만 인류 역사를 생각해 보면 모피가 없었다면 이렇게 넓은 지역에 살 수 없었을 거예요. 러시아가 이렇게 넓은 영토를 가지게 된 이유도 사실은 모피를 찾아서 계속 동쪽으로, 동쪽으로 이동하다 보니 바다를 건너서 지금의 알래스카까지 넓어진 겁니다. 그곳이 옛날에 러시아 땅이었던 이유가 바로 이 모피 동물 때문입니다.

유럽이 추울 때마다 모피 동물은 비싸게 팔렸고 러시아 황실은
모피 동물을 팔아서 큰돈을 벌어 그 돈으로 여러 가지 일을 했죠.
결국 소련에는 모피가 무척 중요한 돈줄이었어요.

은여우는 이름만 들어서는 은빛의 여우라고 생각할 수 있는데
원래는 붉은 여우입니다. 멜라닌 색소 과다증으로 은색과 검은색

이 절묘하게 섞인 털을 가진 여우가 은여우입니다. 은여우 모피는 햇빛을 받으면 아주 묘하게 색깔이 반짝반짝 빛나요. 그래서 사람들에게 아주 인기가 좋았죠.

약 100년 전인 1910년, 은여우 모피는 그 당시 한 장의 가격이 2,500달러로 거래되었어요. 어마어마하게 비싼 가격이었죠. 그리고 번식을 위한 암수 한 쌍, 두 마리의 가격이 수만 달러에 거래될 정도로 비싼 종이었습니다.

원래는 캐나다에서부터 시작이 되었는데 소련이 1930년, 캐나다에서 은여우를 데리고 와서 대량으로 은여우를 번식하는 데 성공을 하게 됩니다. 그러면서 소련은 대량의 모피를 수출하는 데 성공을 하죠.

벨랴예프는 이 과정에서 은여우 중에서도 정말 예쁘고 가장 아름다운 색깔의 모피를 가진 품종 개발에 성공하면서 인정받게 됩니다. 결국 품종 개발도 유전학이 기본이죠. 벨랴예프는 유전학의 원리에 기초해서 어떻게 하면 좋은 품종을 만들까 연구하고 계산해서 만들어 냈던 거예요.

결과물이 이렇게 좋게 나왔지만 유전학을 탄압하는 리센코로서는 마음에 들지 않았어요. 그래서 벨랴예프가 모스크바 모피 연구소에서 여러 가지 연구를 하는 데 방해를 많이 했습니다. 이 당시 소련 연구소들은 연구도 하고 학생들도 가르칠 수 있었는데 일단 벨랴예프가 학생들을 가르치지 못하도록 했어요. 유전학이라는 개념을 학생들을 통해서 확산하는 것을 막으려고 했던 거죠.

그리고 벨랴예프가 열심히 연구해서 논문을 투고해 개재된 학술지들이 있으면 다 찾아내서 즉시 폐간시켰어요. 그래서 연구 결과가 알려지는 것을 막으려 했죠. 또한 벨랴예프는 당시 책임연구원으로 상당히 높은 급수였는데 한 단계 낮은 선임급으로 강등시켜버렸습니다. 임금도 절반으로 깎고 같이 일하던 연구원들도 다른 곳으로 발령을 내서 손발을 묶어 버리는 등 다양한 방법을 동원해 탄압하였어요.

여러 가지 제한이 있었지만 벨랴예프는 머릿속으로 끊임없이 가설을 세워 보고 '이게 이렇게 되면 어떤 결과가 나올까?' 하고 '사고실험*'이라고 하는 여러 가지 가설을 세우고 다시 이것을 허물어트리는 연구를 반복했어요.

---

* 실행 가능성이나 입증 가능성에 얽매이지 않고 사고상으로만 성립되는 실험

동물의
가축화

　벨랴예프의 가장 큰 궁금증은 '어떤 동물은 가축화가 되는데 왜 어떤 동물은 안 될까? 그리고 가축화가 되기까지는 얼마큼의 시간이 필요할까?'였습니다.

　이 당시에 진화론은 전 세계 사람들이 받아들이던 시기였는데, 영국의 철학자 다윈Darwin의 진화론에 따르면 오랜 시간을 거쳐야만 가축의 특성이 만들어질 수 있다고 했어요. 그러다 보니 사람들은 야생동물이 가축이 되려면 오랜 시간이 필요하다고 믿었죠. 하지만 벨랴예프는 자신이 은여우를 키웠을 때의 경험으로는 그렇게 많은 시간이 필요하지 않을 수도 있다고 생각했어요.

　벨랴예프는 밍크와 은여우를 키웠는데 특히 밍크를 키우다 보니 밍크의 털 색깔이 생각보다 빨리 변했어요. 밍크는 100퍼센트 짙은 색깔입니다. 하지만 농장에서 사육을 쭉 지켜보니 베이지, 흰색, 은빛이 도는 푸른색 등 여러 가지 색깔을 가진 밍크들이 등장하더라는 거죠. 그래서 벨랴예프는 자신의 경험을 토대로 가설을 세웁니다. '동물에는 원래 다양한 색을 내는 유전자가 있는데, 대부분 비활성이다, 즉 스위치가 꺼져 있다. 하지만 어떤 이유인지는 모르겠으나 어떤 이유든 그 유전자의 스위치가 켜지기만 하면 다양한 색깔이 등장한다.'라는 것이었습니다.

과학은 이렇게 가설을 세우는 것이 제일 중요합니다. 그리고 이 가설이 어떻게 입증되는지, 그다음에 '왜'라는 궁금증에 대해서 계속 '답'을 만들어 보는 것이 과학의 핵심이죠.

유전자가 스위치처럼 켜지고 꺼진다는 말이 의아할 텐데, 오늘날 현대 유전학은 이 스위치를 껐다, 켰다 할 수 있어요. 그래서 많은 실험동물의 유전자를 만져서 어떤 특정한 유전자 스위치를 끄거나 켤 수가 있습니다. 하지만 그 당시에는 알 수가 없었던 거죠.

벨랴예프는 '가축이 되려면 원래 유전자에 어떤 특성이 있어야 하는 것이 아닌가?'라는 생각을 했습니다. 그래서 인위적으로 이런 유전자의 스위치를 켤 수 있다면 가축화될 거라고 생각을 했고, 실험 대상으로 은여우를 선택했습니다. 왜냐하면 자기가 원래 계속하던 일이었으니까 의심을 받지 않고 연구할 수가 있었던 거죠.

리센코의 탄압으로 쉽지는 않았지만 1953년, 스탈린이 사망하면서 다행히 리센코의 영향력은 조금씩 줄어들기 시작했어요. 그래서 벨랴예프는 이러한 상황을 인식하고 1954년, 리센코와 한판 대결을 벌입니다.

모스크바 종합기술박물관 중앙 강당에서 자신의 연구 결과를 발표하기로 했던 겁니다. 그냥 일반적인 학술 대회에서 자기의 논문을 발표하겠다고 하면 이런 행사는 불가능했겠죠. 하지만 자신이 근무하던 모피 연구소의 실적 발표회였으니까 가능한 일이었어요. 자기가 속한 연구소에서 이런 훌륭한 일을 해냈다고 자랑할수 있는 거죠.

벨라예프는 처음 입장할 때 자신이 개량해서 만든 화려한 여우와 밍크의 모피를 잔뜩 준비해서 가지고 갑니다. 그리고 발표를하기 전 강단 앞에 한 장씩, 한 장씩 걸어 놓습니다. 다양한 색상의 화려한 모피를 보고 사람들은 누가 봐도 대단한 일을 해냈다고생각하게 됩니다. 그것으로 기선 제압을 했던 거죠.

그리고 차근차근 자신의 연구와 가설을 설명하며 자기 생각이어떻게 맞아떨어졌는지 설명을 했어요. 상대방이 반박할 수 없게만들어 버린 거죠.

발표할 때 가장 중요한 것은 자신의 논리가 탄탄해야 하고 상대가 내 논리의 어디를 공격할지, 그리고 어느 부분을 궁금해할지예측하는 것입니다. 그렇게 해서 상대방의 궁금증이나 호기심을끌어낸 다음 내 이야기를 하든지, 아니면 아예 처음부터 반박할수 없도록 밀어붙이든지 하는 등의 여러 방법을 씁니다. 만약 벨라예프가 오늘날 살아 있었다면 스티브 잡스만큼 탁월한 프레젠테이션의 대가가 되지 않았을까 싶어요.

벨랴예프의 은여우 연구는
류드밀라로

1957년 당시 소련은 모스크바에서 3,200킬로미터나 떨어진 시베리아 쪽 노보시비르스크라는 곳에 과학 도시를 건설하고 있었습니다. 여기에 세포학이라는 학문의 실험실 책임자 자리에 벨랴예프는 자원합니다. 이곳에 가면 자유롭게 연구할 수 있을 것 같다고 생각했기 때문이죠.

역사를 돌이켜 보면 혁명과 변화의 주인공은 언제나 변방이나 접경 지역 출신이었어요. 나폴레옹도 지중해 지역의 코르시카섬 출신이고, 우리나라 조선을 세운 이성계도 개경이 아닌 함경도에서 살았었죠.

하지만 리센코의 집착은 무서웠습니다. 2년 후인 1959년, 당시 소련의 지도자였던 흐루쇼프가 이곳을 방문합니다. 그러고는 오자마자 벨랴예프가 속해 있던 세포학 연구 부분이 제대로 일을 하지 못한다며 해체하라고 요구를 합니다. 이 배경에는 리센코의 이간질이 있었던 거죠.

쫓겨날 위기에 처해 있던 벨랴예프는 의외의 곳에서 도움을 받습니다. 바로 흐루쇼프의 딸이에요. 이 딸이 대학에서 생물학을 전공했어요. 그래서 리센코가 사기꾼이라는 것을 알고 있었

>>>> 류드밀라 트루트

던 거예요. 그녀는 아버지인 흐루쇼프에게 조목조목 설명하며 설득합니다. 결국 세포학 연구소는 남겨 두고 전체 책임을 지던 책임자만 파면되는 형태로 수습이 되죠. 그러다 보니 연구 조직은 남겨 두고 총책임자는 옷을 벗었으니 그 자리를 누군가가 채

　최준영의 교과서 밖 인물 연구소

워야 했어요. 결국 부책임자였던 벨랴예프가 그 자리를 대신하게 됩니다.

벨랴예프는 본인이 생각하는 대로 연구를 이끌어 갈 수 있는 좋은 위치에 앉았지만 문제는 해야 할 일이 너무 많아졌어요. 전체적인 여러 연구를 챙기고 진행 상황도 체크를 해야 하고, 진행 방향도 따져 봐야 하다 보니 정작 자기가 하고 싶었던 은여우와 관련된 실험은 제대로 할 시간이 없었죠.

그래서 1958년, 은여우를 가축화하는 연구에 관해서 관심을 가지고 자기를 찾아왔던 여성 과학자 류드밀라를 떠올리고 그녀에게 부탁합니다. "내가 지금 연구소 소장이 되어서 더는 여우 연구에 집중할 수가 없다. 그러니 당신이 이 연구를 책임지고 맡아 줬으면 좋겠다. 하지만 이 연구를 하다가 자칫 리센코에게 찍혀 위험에 처할 수도 있다."라고 이야기해요. 그럼에도 이 일에 관심이 많았던 류드밀라는 바로 승낙하고 본격적으로 가축화 연구를 하기로 해요. 벨랴예프에 대한 신뢰, 그리고 벨랴예프가 세웠던 가설에 대한 굳은 믿음이 있었기 때문에 단번에 결심을 한 거죠.

은여우의
호르몬 변화

류드밀라는 우선 여우를 어떻게 키워야 하는지 살펴봐요. 그리고 오랜 시간 동안 관찰해 얌전한 여우를 골라 놓습니다. 그리고 매년 10월에 골라 놓은 여우를 다음 해 1월에 짝짓기를 시킵니다. 그리고 4월에 새끼들이 태어나요. 6월에는 이 새끼들의 성장 과정을 지켜보면서 각각의 특징을 기록했죠.

류드밀라는 혼자서는 이 모든 일을 할 수 없으니 농장 노동자들에게 일일이 설명하며 부탁을 했어요. 영하 40~50도가 되는 난방도 되지 않는 작업장에서 1959년부터 시작해 약 30년 동안 이 연구를 지속했습니다. 살아 있는 생물을 다루는 연구들은 시간이 무척 오래 걸립니다. 그러다 보니 새로운 품종을 하나 만들겠다고 하면 보통 5~8년이 걸리고, 동물 같은 경우는 시간이 그보나 더 오래 걸리는 경우들이 많습니다.

그렇게 오랜 시간 동안 연구를 지속한 류드밀라는 은여우들과 사랑에 빠지죠. 너무 귀여웠던 거예요. 막 태어난 은여우 새끼는 110그램 정도 됩니다. 사람 손바닥보다 조금 더 큰 정도죠. 태어나 18일 정도가 지나야 겨우 눈을 뜬다고 해요. 그러면 털 뭉치 같은 새끼들이 4주쯤 되면 엄마 품을 떠나서 밖으로 나와서 놀기 시작한다고 합니다. 그 이후 급속도로 성장해 어른이 되는 과정을 거치게 되는데 류드밀라가 한 일 중 첫 번째 일은 이러한 새끼 중에서 얌전하고 사람들에게 덜 공격적인 개체들을 골라내는 일이었어요. 그리고 그것들끼리 짝짓기를 시킵니다.

그러면 모두 얌전한 새끼들이 나오는 건 아니지만 분명히 전 세대보다는 좀 더 순하고 사람을 잘 따르는 여우가 태어난다는 거죠. 그리고 더 신기한 건 여우를 돌봐 주는 사람 중에도 여우들을 끈끈한 애정으로 보살핀 사람들의 손을 거친 경우의 여우들이 사람들을 더 잘 따르는 경우가 많았다는 거예요.

사실 이러한 경우는 과학 실험에서 피해야 하는데 류드밀라는 이러한 경우까지 실험의 범주에 넣어 관찰했습니다. 원칙적으로는 정확한 관찰 결과를 위해서 모든 여우를 같은 감정으로 기계적으로 딱딱하게 대해야 하지만 사람마다 다 감정이 다르므로 어떤 여우는 애정을 많이 받고 또 무뚝뚝한 사람이 키우는 여우는 아무래도 애정을 덜 받고 자라겠죠. 이렇게 조건이 다른 것이 또 다른 변수가 될 수 있으므로 연구하는 입장에서는 곤란한 일이었어요. 하지만 사람과 동물 사이의 교감이 생겨난 것을 어떻게 막을 수는 없었으니까 그런 것까지 끌어안고 연구를 진행했던 거죠.

얌전한 새끼들끼리 모아서 짝짓기를 하면 또 새끼들이 태어납니다. 그럼 또 그중에서도 얌전한 새끼들을 모아서 다시 짝짓기를 해요. 그렇게 1년에 한 세대씩 내려가요. 그렇게 계속 실험을 진행하다 보니 어느 순간 사람을 보면 꼬리를 흔드는 새끼 여우들이 등장하기 시작했어요. 마치 강아지처럼 말이죠.

그리고 더 일찍 발정기에 들어가서 짝짓기 기간이 길어졌어요. 예를 들면 원래는 일주일 사이에 짝짓기를 꼭 해야 하는데 이렇게 얌전한 개체들은 2~3주 정도로 늘어난 거죠. 그래서 6년 정도 연구를 지속하다 보니 더 개와 비슷한 은여우 새끼들이 등장하게 됩니다. 대표적인 행동이 사람에게 다가와 코를 비비려고 하고, 배를 문질러 달라고 배를 까고 눕고, 손을 내밀면 손을 핥고, 사람이 뒤로 가면 낑낑거리기도 했어요.

류드밀라로부터 연구 결과를 보고 받은 벨랴예프는 이것은 개의 특성이라기보다 가축화되어서 그렇다고 생각을 하고 계속 연구를 진행합니다. 다시 한두 세대가 지나니 이제는 꼬리를 흔들 뿐만 아니라 몇몇 개체들은 꼬리를 말았어요. 그리고 시간이 지나도 거칠어지거나 무서워지지 않고 계속 얌전한 상태를 유지해요. 그러니까 아주 새끼 때는 매우 얌전하고 사람을 잘 따르다가 커지면서 원래의 모습으로 많이 되돌아갔는데, 이제는 커서도 계속 얌전한 개체로 남아 있는 경우가 많아졌다는 거죠. 더 오랫동안 유아기적 특성을 유지하게 되는 여우들이 많아졌다고 생각하면 돼요.

과학자들조차도 어떻게 이런 일이 생기는지 신기했어요. 그래서 고민을 하면서 여러 가지 연구를 해 봅니다. 피를 뽑아서 측정해 보니 은여우의 호르몬이 변화하기 시작했다는 것을 파악했어요. 그래서 온순함을 위해서 온순한 친구들끼리 계속 짝짓기를 시키다 보니 꺼져 있던 유전자들이 켜지기 시작했다고 생각을 하죠. 그래서 그 켜진 유전자들이 호르몬에 영향을 주지 않았을까 생각하게 됩니다.

우리가 생각할 때는 돌연변이가 있어야만 이런 일이 벌어진다고 생각하는데 그게 아니어도 기존에 어떤 개체가 가지고 있던 유전자 활동이 변화할 수 있다는 것이 두 사람이 생각한 가설이었던 거죠. 그래서 연구를 거듭할수록 은여우들은 점점 반려동물과 비슷해집니다.

10세대, 10년쯤 지나니 은여우들이 귀가 처지기 시작하고 얼굴에 반점들이 많아지기 시작했어요. 그래서 혈액검사를 해 보니 성인이 되어도 얌전한 은여우들은 스트레스 호르몬이 절반 이하로 줄어든다는 사실을 발견했어요.

은여우 가축화의
공식 발표

10년에 걸쳐 연구한 벨랴예프는 이 정도면 공식적으로 알려도 될 것 같다고 생각하고 국제 학술 대회에 가서 발표합니다. 그러자 미국이나 유럽의 유전자 학자들은 그동안 알지 못했던 유전자의 특성이 있다는 것에 술렁이기 시작했어요. "유전자라는 것은 바뀔 수 없다. 단지 이것들이 레고 블록처럼 조합을 해서 새로운 모습을 만들 수는 있지만 레고 블록 자체가 바뀐다는 것은 있을 수가 없다."라고 여기고 있었는데 이러한 유전자가 프로그래밍 될 수 있다는 것과 사람이 노력하면 바뀔 수도 있다는 것에 많은 논란이 일었어요. 이후 약 10년 동안 유전학계의 관심을 계속 이끌었지만 오랜 시간이 필요한 이 연구를 누구도 따라 할 수가 없었죠.

1980년대에 들어서 본격적으로 첨단 연구 기법들이 동원되고 유전자가 어떻게 작동하는지에 대한 연구를 하면서 벨랴예프와 류드밀라의 연구는 공식적으로 인정받게 됩니다. 그러니까 1960년대에 발표를 했는데 확인이 될 때까지는 10년 이상의 세월이 걸렸던 거죠.

그래서 1980년대쯤에는 벨랴예프와 류드밀라는 가축뿐만 아니라 사람 역시 비슷한 과정을 거치면서 오늘날과 같은 현재의 인류가 됐다고 주장하기도 했습니다.

인류의 탄생을 거슬러 올라가 보면 인류의 시작은 오스트랄로피테쿠스라고 세계사 시간에 배우지요. 오스트랄로피테쿠스는 수백만 년 전에 등장해서 매우 느리게 진화합니다. 머리가 좀 커지고 허리를 곧추세우고 여러 가지 변화가 있지만 그 변화는 수십만 년, 수백만 년의 시간이 지나야 나타나요. 그런데 호모사피엔스가 등장해서 지금 우리와 같은 호모사피엔스사피엔스가 되는 데까지는 20만 년도 안 걸렸어요. 어떻게 이렇게 빠른 변화가 나타났을까 참으로 궁금하죠.

이에 대해 벨랴예프와 류드밀라는 "사람들이 사회에 적응하면서 유전자가 변화됐다. 사회생활에서는 타인에 대한 공격성이 낮고, 그다음에 스트레스에 잘 견디는 사람들이 유리하다. 서로서로 잘 지낼 수 있는 사람들이 이익을 더 많이 얻게 되고 그런 사람들이 모여서 자식을 더 많이 낳을 가능성이 있다."라고 판단했어요. 결국 사람들이 자신을 가축화하는 과정을 거쳤다고 볼 수 있다는 겁니다.

그래서 사람들이 어느 정도 시간이 지나면서 열심히 자식들을 키우고 양육하고 교육도 하고 그러한 과정들이 쌓이면서 유전적인 변화를 가지고 왔다고 이야기합니다. 결국 유전자가 섞이면서 변화해서 진화하는 게 아니라 사람들의 노력으로 유전자가 바뀐다는 거죠. 이 이론을 보면 리센코의 주장과도 일치합니다. 리센코의 탄압 속에서 리센코가 주장하던 것과 반대로 유전학을 연구하기 위해서 숨어서 목숨 걸고 연구를 했는데 정작 연구를 해 보니까 리센코의 주장이 완전히 틀린 건 아닐 수도 있겠다는 결론을 끌어내니까 참 역설적인 거죠.

이렇게 사람의 노력과 환경으로 인해서 유전자가 조금씩 바뀔 수 있다는 유전학 연구는 '후생 유전학'이라고 해서 별도의 분야로 발전하고 있습니다.

어려운 환경에서 끝까지 연구를 포기하지 않은 류드밀라

벨랴예프는 은여우 연구를 20년 넘게 하면서 욕심이 생겼어요. 이왕이면 사람과 더 닮은 존재를 실험하길 원했어요. 그래서 침팬지 같은 영장류에게도 적용을 해 보고 싶었죠. 하지만 은여우는 1년만 지나면 새끼를 가질 수 있는데 침팬지는 몇 년씩 더 키워야 하니까 10세대를 하려면 30년의 세월이 필요한 거죠. 하지만 벨랴예프에게는 남은 시간이 별로 없었어요. 1985년, 심한 폐렴 증세로 입원을 하게 되고 결국 11월 4일에 사망하게 됩니다.

이후 남은 연구의 과제는 류드밀라에게 넘어갔는데 이때부터 상황이 어려워지기 시작합니다. 1985년은 소련이 본격적으로 혼란에 접어들기 시작하던 시절입니다. 체르노빌 원전 폭발 사고가 일어나고, 소련의 시스템이 제대로 돌아가지 않았어요. 물자도 부족해지고 연구 예산과 조직 운영에도 어려움을 겪게 되죠. 그래서 몇 년 후인 1980년대 후반부터는 소련이 내부적으로 붕괴하기 시작합니다. 그 영향은 여우 연구에도 영향을 미쳐요. 여우들 사료도 사야 하고 관리인들 월급도 줘야 하는데 그럴 비용이 없는 거예요. 더 이상 연구를 진행할 수 없는 상황이 된 거죠. 연구는 고사하고 연구 중이던 은여우들이 굶어 죽을 위기에까지 처합니다.

류드밀라는 돈을 구하기 위해서 백방으로 뛰어다니고 심지어 길을 가는 차를 붙잡고 호소하기도 합니다. 결국 700마리가 넘던 은여우 가운데 130마리만 겨우 살릴 수 있었어요. 류드밀라는 이 상황이 계속 지속하면 안 되겠다고 생각해서 고민 끝에 미국의 대중 과학지인 《아메리칸 사이언티스트American Scientist》에 가축화된 귀여운 은여우 사진과 논문을 보내고 도움을 청합니다.

그리하여 1990년 가을호에 논문이 게재되었어요. 귀여운 은여우의 모습은 사람들의 관심을 끌었고 《뉴욕 타임스The New York Times》 신문에도 이 논문에 관한 기사가 보도되면서 사람들의 관심은 더욱 높아졌어요. 그래서 수많은 사람이 도움의 손길을 내밉니다. 많은 사람이 엄청난 돈을 보내면서 류드밀라는 계속 연구를 진행할 수 있게 되었어요.

그리고 이 시기부터 러시아로 바뀐 소련은 미국, 유럽과 서로 손을 잡고 유전공학 기술을 이용해서 서로의 연구 결과를 확인하고 분석하는 작업을 할 수 있게 되었죠. 그래서 막연하게 가설로만 유전자의 변화를 생각했는데 실제로 눈앞에서 확인을 거쳐 결과를 확인해 볼 수 있는 기술을 갖게 되었어요. 미국 과학자들과 협동 연구를 해 보니까 2010년쯤에 여우의 염색체 12번에서 어떤 작은 변화들이 가축화와 관련된 변화를 끌어냈다는 것을 알게 되었습니다.

'착하고 순한 여우들끼리 키우다 보니 어느 순간 12번 유전자의 꺼져 있던 스위치 가운데 하나가 켜졌다. 그러면서 꼬리도 말고, 귀도 접고, 귀여워지면서 가축화가 되었다.'는 것입니다. 60년 동안 진행되었던 실험이 드디어 보답을 받게 된 것이었어요.

류드밀라는 2020년에는 미국 아카데미 회원으로도 선출되었고 지금도 간혹 활동을 이어 오고 있습니다. 본인의 연구는 인정받았고, 은여우들은 비싸게 판매되었어요. 이 과정에서 여러 가지 논란이 있기는 했습니다만 은여우가 미국에서 비싼 가격으로 입양되면서 연구비를 충당해서 또 다른 연구를 지속할 수 있었던 거죠.

세상이 의도대로 되는 것이 없다고 하지만 그래도 가끔은 이렇게 힘든 과정을 끝까지 거친 사람들에게 행복이라는 결과물을 선물해 주는 게 아닌가 싶어요. 이렇게 오랜 시간 동안 한 가지 연구를 할 수 있었던 밑바탕에는 첫 번째, 호기심이 있었어요. 내가 정말 궁금한 것을 연구하기 시작했던 거죠. 그리고 두 번째는 집념이 있었어요. 이 궁금한 것을 끝까지 파고들어서 해결하고 말겠다는 의지와 집념이 과학적 연구의 핵심이 아닐까 싶습니다.

06

인류의 달 착륙 성공은

이 사람 덕택

마거릿 해밀턴

Margaret Heafield Hamilton (1936~)

사람을 태운 로켓이 처음으로 우주라는 공간으로 나간 것이 1961
년 4월 12일이었습니다. 그리고 그로부터 8년이 지난 1969년 7월
20일에는 달에 착륙하여 인간의 발자국을 남기게 되었죠. 그리고
1972년 12월 7일을 마지막으로 50년이 지난 오늘날까지 인간은
더 이상 달에 가지 못하고 있어요.

과거에는 어떻게 그렇게 이른 시간 안에 달까지 갈 수가 있었
을까요? 당시는 미국과 소련이라는 양대 강대국으로 나뉘는 냉전
시대였어요. 이 두 나라가 마치 자존심 싸움이라도 하듯 우주 개
발 연구에 매진했기에 짧은 시간에 많은 성과를 거둘 수 있었습니
다. 두 나라는 마치 전쟁을 치르듯이 많은 인력과 비용을 쏟아부

었어요. 이 과정에서 많은 과학기술의 발전이 이루어졌는데 그중 한 분야가 바로 컴퓨터입니다. 단순한 계산기 역할 정도만 하던 컴퓨터가 핵심적인 역할을 하기 시작한 게 이때부터였어요.

과거 컴퓨터라는 것은 우리가 흑백 사진에서 보는 것처럼 거대한 물건이었어요. 처음에 이것을 우주선에 싣는다는 것은 상상하지도 못했지만 줄이고 줄여서 우주선에 탑재할 수 있도록 만들긴 했어요. 하지만 문제는 이 컴퓨터를 이용해서 로켓, 그리고 달 착륙선이 정확하게 비행할 수 있도록 하는 프로그램을 짜야 했는데 이걸 해 본 사람이 아무도 없었어요. 이러한 문제를 해결한 사람이 바로 마거릿 해밀턴입니다.

컴퓨터, 그중에서도 소프트웨어와 관련된 부분은 초반에 여성들의 활약이 매우 많았어요. 오늘날 컴퓨터 프로그래밍, 코딩 등은 대부분 남자의 영역이라고 생각하는 경우가 많은데 컴퓨터가 보급되던 초반에는 컴퓨터를 단순하고 하찮게 여겨서 단순 작업으로 생각해 대부분 여성이 다루게 했죠. 하지만 이게 뭔가 중요한 일을 하고 부가가치가 높은 일이라는 사실을 깨닫게 되면서 남성들이 여성들을 밀어내고 컴퓨터 분야를 차지하게 되었습니다.

우연히 들어간 직장에서
나사 책임자로

마거릿 해밀턴은 1936년 8월, 인디애나주에서 태어났습니다. 이후 미시간주로 이사를 해 1955년, 미시간 대학에 입학하면서 수학 공부를 하다가 어머니가 다니고 있던 얼햄 대학으로 편입하면서 부전공으로 철학도 공부했어요. 해밀턴의 할아버지는 교장 선생님이었고, 아버지는 철학자 겸 시인이었어요. 그래서 어릴 적부터 철학 쪽으로 영감을 많이 받았다고 해요.

우리가 보통 수학은 기술적인 분야이고, 철학은 사상이라 두 학문이 완전히 다를 것으로 생각하는데 거슬러 올라가 보면 수학도 본질적으로 철학의 범주에 포함됩니다. 생각하는 방식이 어떤 사람은 글로, 어떤 사람은 숫자로 세상의 진리를 탐구한다고 보면 결국 다 만나게 되는데 우리가 유독 수학을 어려워하는 건 "왜?"라는 질문을 던지기보다 무조건 정답만 찾는 학문으로 접근하기 때문이 아닐까 싶어요.

대학을 졸업한 해밀턴은 24세의 나이에 곧바로 결혼했습니다. 남편이 하버드 대학 로스쿨에 진학하면서 보스턴으로 이사했는데 마침 인접한 MIT에서 기상 예보와 관련된 분야에서 사람을 뽑는데 수학 전공자를 우대한다는 공고를 보고 해밀턴은 지원합니다.

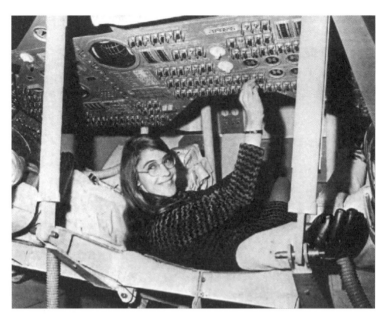

>>>> 마거릿 해밀턴

그리고 이곳에서 해밀턴은 컴퓨터와 인연을 맺게 됩니다.

이 당시에는 컴퓨터를 제대로 아는 사람이 없었기 때문에 작동 원리에 대해서 딱히 도움을 받을 사람이 없었다고 해요. 해밀턴은 어쩔 수 없이 혼자 고민하며 프로그래밍을 익히고 파악해야 했어요. 그리고 컴퓨터로 날씨를 예측하는 소프트웨어를 개발합니다.

1960년대 초반은 미국과 소련이 본격적인 냉전 시대에 돌입해서, 미국은 소련이 갑자기 공격을 해 오면 어떻게 방어를 할 것인가를 걱정하던 시기였어요. 그러다 보니 미국을 둘러싼 레이더망을 구축하고 이것을 통제할 수 있는 컴퓨터를 어떻게 갖출 것이냐는 것이 굉장히 중요한 문제로 등장했습니다.

해밀턴은 기상 예보 과정에서 컴퓨터를 다뤄 봤던 경험이 있었기 때문에 이 프로젝트에 자연스럽게 참여하게 되었어요. 그때 그녀의 나이가 대략 26세였습니다. 그 나이에 오늘날로 말하면 국방부 주요 프로젝트에 참여하게 됐던 거죠.

그녀가 했던 일은 '사지SAGE'라고 해서 방공망 구축 사업이에요. 우리가 해외여행을 갈 때 항공사에 예약을 해야 하는데, 이 예약 시스템이 그 당시에 개발된 기술에 근거하고 있습니다. 1960년대 초반에 만들었던 기술에 지금까지 의존하고 있는 거죠.

당시 미국은 케네디 대통령이 이 분야에 엄청나게 투자를 하고 있었고 로켓 기술이 점점 발달하고 있던 시기였죠. 하지만 우주 공간에서 비행한다는 것은 사람의 눈과 머리만 가지고는 한계가 있다는 것을 알았어요.

당시 우주 비행사들은 대부분 베테랑 파일럿들이었습니다. 지구 궤도를 돌다가 내려오는 것을 사람의 눈과 감각으로 해 봤지만, 우주 공간에서 빠르게 나는 우주선들이 서로 만나고 지구 궤도가 아닌 40만 킬로미터 떨어져 있는 달까지 가는 경로를 사람의 능력으로 간다는 것은 불가능하다는 것을 알게 되었어요.

원래 컴퓨터는 정해진 일만 반복하는 경우가 많았는데 달에 가기 위해서는 순간순간 데이터를 입력하고 여기에 맞춰서 컴퓨터가 계산하면 거기에 맞춰서 우주선 항로를 바꿔야 하는 상황이 되었어요. 즉 컴퓨터가 컴퓨터에 어떤 일을 해야 하는지 미리 알려 줘야 하는데 이것이 바로 코딩 프로그램이었습니다.

아폴로 계획 초반 문서들을 보면 프로그래밍, 소프트웨어 이런 개념 자체가 전혀 없었어요. 기계나 전자 부품으로 만들기만 하면 된다고 생각했으나, 필요한 계산과 정확도를 따지다 보니 컴퓨터에 뭔가를 입력해서 작업하는 게 필요하다는 것을 깨닫게 되었습니다. 결국은 시간이 지나면서 한쪽에서는 로켓을 만들면서 다른 한쪽에서는 이 소프트웨어라는 게 있어야만 한다는 것을 알게 되었죠. 그러다 보니 이쪽 일을 담당할 사람을 찾게 되었고 이런 능력과 경험이 있던 해밀턴은 미항공우주국^{NASA}에 스카우트됩니다. 그녀는 달 착륙 프로젝트인 아폴로 우주선의 비행 소프트웨어 책임자가 되었어요. 1965년에 이 자리를 맡게 되었는데 그녀의 나이 29세였습니다.

조금의 오류도 용납하지 않은
해밀턴

결혼도 했고 아이들도 있었던 해밀턴은 주말에는 아이들을 데

최준영의 교과서 밖 인물 연구소

리고 사무실에 나와 프로그램을 짰습니다. 딸 로렌은 엄마 옆에서 놀다가 심심하니 달 착륙선을 모방한 시뮬레이터를 가지고 놀았는데 디스키라는 장치를 만지며 놀았어요. 그러자 자꾸 에러 메시지가 떴어요. 컴퓨터에 한꺼번에 많은 프로그램을 돌리면 지금도 느려지거나 다운될 때가 있죠. 이 컴퓨터에 CPU 등이 처리할 수 있는 것보다 더 많은 일을 시키면 컴퓨터도 일을 못 하고 다운되어 버리는데 당시 로렌이 했던 일도 이와 비슷했습니다. 지금 기준으로 보면 아주 초보적인 전자계산기 수준도 안 되는 낮은 사양의 컴퓨터에 한꺼번에 많은 일을 시키다 보니 다운이 된 거죠. 그래서 결과적으로 로렌이 갖고 놀던 시뮬레이터, 즉 달에 착륙해야 하는 착륙선이 추락하는 상황이 만들어지게 됐던 거죠. 이 에러 메시지를 본 해밀턴은 뭔가 대책을 세워야겠다는 생각을 했습니다. 딸의 실수로 인하여 미리 발생할 수 있는 문제에 대비할 생각을 하게 된 거죠.

실제로 달 착륙을 시도하다가 그런 문제가 생기면 정말 큰일이니까요. 40만 킬로미터 떨어진 곳에서 문제가 생기면 도와줄 방법이 전혀 없습니다. 그래서 해밀턴은 이런 문제를 어떻게 막아야 할까 고민을 하다가 차라리 이 컴퓨터는 여러 가지 일을 한꺼번에 처리하는 데 한계가 있으니까 '동시에 여러 프로그램을 가동하면 가동이 안 된다'는 코드를 새로 짜서 집어넣으면 되겠다고 생각했습니다. 하지만 사람들이 이를 반대했어요.

이 당시 컴퓨터는 몇 줄 안 되는 프로그램을 짜서 넣는 것만으로도 용량이 한계에 봉착했어요. 이미 빡빡하게 여러 가지 프로그램들이 짜여 있는 상태인데 여기에 몇 줄 더 넣어 버리면 용량이 초과한다는 거죠. 오늘날에는 컴퓨터 안에 메모리 칩이라고 해서 용량을 늘리는 방법이 있지만 당시에는 그런 게 없었어요.

그러면 이때는 메모리를 어떻게 만들었을까요? 로프, 즉 끈으로 만들었습니다. 구리 선을 이용하여 메모리를 만들었는데 1960~1970년대까지는 로프 메모리라는 것들을 사용했어요. 전기가 통하는 구리 선에 전기를 흘려 놓은 상태에서 동그란 자석을 통과하면 여기서 이진법상으로 1이 되는 거고 이 동그란 고리를 통과하지 않고 위로 지나가면 0이 되는 원리입니다.

이 당시 로프 메모리를 보면 실로 뜨개질을 한 것처럼 보여요. 그런데 모양만 그런 게 아니고 실제로 바늘에 구리 선을 꿰어서 한 땀, 한 땀 떴어요. 그래서 영어로 '위빙weaving 한다'라고 표현할 정도로 그렇게 만들었습니다. 요즘으로 보면 상상도 안 되는 방식인데 우리가 쓰는 양문형 냉장고보다 조금 작은 사이즈로 이 뜨개질을 하면 약 3메가바이트 정도의 메모리를 만들 수 있었다고 해요. 그렇게 만든 메모리 안에 프로그램이 들어가 있는 건데 이게 수정이 거의 불가능했어요. 그러니까 프로그램을 짜는 사람도 처

최준영의 교과서 밖 인물 연구소

음부터 단 하나의 실수도 없어야 하고 구리 선을 짜는 사람도 실수하면 안 되는 거예요. 그래서 이 작업은 바느질에 익숙한 할머니들께서 돋보기를 끼고 한 땀, 한 땀 떠서 아폴로 우주선에 들어가는 컴퓨터를 만들었다고 합니다. 마거릿 해밀턴이 짠 프로그램에 따라서 할머니들이 로프로 메모리를 짠 거죠.

해밀턴은 프로그램을 짜면서 머릿속으로 이 오류를 검사해 오류가 하나도 없다고 확신하면 종이에 구멍을 뚫어요. 펀치카드라는 걸 통해서 돌렸는데 거대한 컴퓨터에 보내서 다시 오류를 검사합니다. 그래서 뭔가 돌아가다가 실수가 나면 어디서 실수가 났는지 다시 머릿속으로 계산해야 하는 거죠. 그래서 여기에 오류가 없으면 다시 할머니들에게 부탁해 실로 짰어요. 이 복잡한 것을 모두 머리로 미리 생각하고 해결했다는 게 정말 대단한 거예요. 상황이 이렇다 보니 꼭 필요한 프로그램이 아니면 새로 무언가를 집어넣기가 싫었겠죠. 몇 글자 집어넣으면 용량 초과가 뜨는 상황이니 섣불리 수정하고 싶지 않았을 거예요.

언제나 만약의 사태에 대비하다

우리가 가끔 우주선이 나오는 영화를 보면 위기 상황, 긴급 상황이 되면 우주 비행사들이 뭔가 책자를 꺼내서 미친 듯이 뒤져 보는 장면이 있을 거예요. 해밀턴은 우주 비행사들이 지켜야 할 꼭 필요한 사항을 책자에 적어 놨는데 그중 "비행 중 절대 P01 프로그램을 가동하지 마십시오."라는 주의 사항이 있었어요. 똑똑하고 훈련을 많이 받은 우주 비행사들이 그런 바보 같은 실수를 할 리가 없는데 실제 아폴로 8호 비행에서 이런 일이 생기고 말았습니다. 절대 하지 말라고 했는데 비행 중에 P01 프로그램을 가동하면서 그동안 축적되어 있던 비행 데이터가 모두 삭제돼 버리는 일이 발생하고 말았어요. 자칫 우주 한복판에서 미아가 되어 버릴 수도 있는 일이었어요.

사람들은 자고 있던 해밀턴을 깨워서 대책을 요구하고 해밀턴은 꼬박 아홉 시간 동안 고민을 하며 프로그램을 짜서 우선 통신으로 우주선에 보내서 업로드하는 방법을 발견하게 됩니다. 원격으로 프로그램을 수정해서 다시 지구로 돌아올 수 있도록 해 준 거죠.

더는 이런 큰 실수가 없을 거로 생각했지만, 아폴로 11호에서도 이런 일이 또 발생했어요. 아폴로 8호는 달 근처까지 비행을 테스트하는 우주선이었지만 아폴로 11호는 달에 착륙까지 하는 달 착륙선이었어요. 아폴로 11호가 달 표면을 향해 쭉 내려가고 있었는데 도착 3분 전에 갑자기 오류 코드가 뜨면서 경보가 요란하게 울

>>>> 민간인에게 최고의 영예인 대통령 자유 메달을 받은 마거릿 해밀턴

리기 시작했습니다. 컴퓨터가 감당할 수 없는 양의 정보가 한꺼번에 컴퓨터에 입력되다 보니 갑자기 컴퓨터에 에러가 난 거예요. 이때 누군가가 레이더를 꺼야 했는데 레이더를 계속 켜 놓다 보니까 레이더 자료와 다른 우주 비행사들이 입력하는 자료들이 겹치면서 컴퓨터가 과부하가 걸린 거죠.

이때 또 해밀턴은 생각했어요. '만약에 누군가 스위치를 끄는 일을 깜빡해서 데이터가 많이 들어가면 어떡하지?'

이럴 때 컴퓨터가 다운되지 않고 스스로 처리해야 할 작업부터 먼저 할 수 있도록 작업 순서를 미리 지정해 두었어요. 그래서 경보는 계속 울리지만, 컴퓨터는 일단 핵심적인 일은 계속할 수 있도록 해서 대처할 시간을 벌어 줬던 거죠.

그래서 해밀턴이 짜 놓았던 프로그램이 달 착륙 3분 전에 우주 비행사 두 사람을 충돌의 위기에서 구출해 주었어요. 이러한 상황을 미리 예견한 것도 정말 훌륭하고 또 성공적으로 진행한 것도 대단한 일이었죠.

만약 이런 프로그램이 없었다면 컴퓨터는 다운되었을 거고 그럼 우주 비행사들이 어떻게 할 방법이 없으니 운이 좋으면 그 상태로 떠 있는 거고, 최악의 경우에는 달에도 중력이 있으니 달 착륙선이 충돌하면서 달에서 사망자가 발생할 수도 있는 상황이었어요.

최준영의 교과서 밖 인물 연구소

오늘날에는 우주선을 발사할 경우 수많은 실수를 대비해서 이중, 삼중의 안전장치들을 마련하지만, 당시에는 그것까지 생각할 수가 없었죠. 그런데 해밀턴은 딸의 여러 가지 실수로 컴퓨터가 다운되거나 오류 메시지가 뜨는 모습을 보면서 이러한 상황을 미리 대비했던 겁니다. 위기를 기회로 만든 거죠.

만일이라는 상황을 대비하여 노력했던 결과와 그렇지 않은 결과는 매우 다를 수밖에 없습니다. 만약 아폴로 11호에서 사망자가 발생했다면 12호, 13호는 없었을지도 모르니까요. 그렇다면 또 오늘날의 우주 역사는 달라져 있었을지도 모르죠.

여러 가지 상황으로
마침표를 찍은 달 탐사

이렇게 아폴로 계획은 계속될 예정이었으나 이 당시 미국은 월남전을 치르느라 상황이 좋지 않았어요. 그래서 1972년을 마지막으로 아폴로 계획은 막을 내리게 됩니다. 그러면서 나사의 예산도 계속 삭감되었어요. 해밀턴은 나사를 떠나서 1976년, HOS라는 회사를 창립하게 됩니다.

원래 하던 일이 방공망 구축 계획과 우주선에 관련된 일이었으니 당시 미국 공군이 추진하고 있던 여러 가지 모델링 소프트웨어 개발에 참여했습니다. 이후 주로 군용 장비에 많이 사용되는 하드웨어에 내장된 프로그램을 탑재하고 만드는 일을 계속했어요.

사실 해밀턴 같은 경우는 소프트웨어 공학이라고 부르는 표현을 1968년에 처음 사용한 사람으로 미국에서는 꽤 유명합니다. 소프트웨어 분야가 기술적으로 상당히 전문성을 요구한다는 것을 강조하면서 이 용어가 오늘날 최첨단의 상징으로 자리 잡을 수 있도록 많은 이바지를 했습니다.

2016년 11월 22일, 해밀턴은 미국 오바마 대통령으로부터 과거 달 착륙선과 관련된 여러 가지 일을 했던 공헌을 인정받아서 백악관을 방문해 대통령 자유 메달을 받습니다. 2019년 7월 18일에는 아폴로 11호의 달 착륙을 기념하여 구글에서 해밀턴의 모습과 아폴로 11호의 모습을 10만 개가 넘는 태양광 패널을 이용해 띄웠어요.

이처럼 과학기술이나 소프트웨어 발전에 여성들의 공헌이 참 큰 부분을 차지했는데 뒤늦게 알려지는 경우가 많아요. 역사적으로 보면 여성들은 많은 편견과 맞서 왔습니다. 오늘날에도 여자들은 수학이나 과학 쪽에 재능이 없다며 이공계를 피하고 인문계로 가야 한다는 얘기를 종종 하고는 합니다. 하지만 많은 연구를 통해 밝혀진 바로는 남녀 간의 뇌 기능이나 특히 수학과 관련된 능력은 성별의 차이는 전혀 없다고 해요. 단지 못한다, 약하다는 이

최준영의 교과서 밖 인물 연구소

야기를 계속 들으면 실제로 그렇게 인정되어 버리는 경향이 나타나는 것은 분명하다고 합니다. 편견에 빠져 미리 못한다고 자신감을 잃지 말고 호기심과 자신감을 북돋아 여성들도 도전할 수 있도록 사회 인식이 변화해야 할 것 같습니다.

최준영의 교과서 밖 인물 연구소

1판 1쇄 발행 2023년 2월 28일

지은이 최준영
감수 박정보

펴낸이 김유열 **지식콘텐츠센터장** 이주희 **지식출판부장** 박혜숙
지식출판부·기획 장효순, 최재진, 서정희 **마케팅** 최은영, 이정호 **제작** 윤석원
북매니저 정지현, 윤정아, 이민애, 경영선

책임편집 혜화동 **인쇄** 우진코니티

펴낸곳 한국교육방송공사(EBS)
출판신고 2001년 1월 8일 제2017-000193호
주소 경기도 고양시 일산동구 한류월드로 281
대표전화 1588-1580 **이메일** ebsbooks@ebs.co.kr
홈페이지 www.ebs.co.kr

ISBN 978-89-547-7262-4 (43990)